本书获得山西师范大学双一流应用经济学学科
（0120-03010027）资助

U0587963

分行业信息披露监管与资本市场定价效率

SUB-INDUSTRY INFORMATION DISCLOSURE SUPERVISION AND PRICING EFFICIENCY OF CAPITAL MARKET
—— FROM THE PERSPECTIVE OF STOCK PRICE SYNCHRONIZATION

—— 基于股价同步性的视角　　韩　贤 ◎ 著

经济管理出版社
ECONOMY & MANAGEMENT PUBLISHING HOUSE

图书在版编目（CIP）数据

分行业信息披露监管与资本市场定价效率：基于股价同步性的视角/韩贤著 . —北京：经济管理出版社，2023.9
ISBN 978-7-5096-9339-1

Ⅰ.①分…　Ⅱ.①韩…　Ⅲ.①证券市场—监管制度—研究—中国　Ⅳ.①F832.51

中国国家版本馆 CIP 数据核字（2023）第 189236 号

组稿编辑：杜　菲
责任编辑：杜　菲
责任印制：许　艳
责任校对：王淑卿

出版发行：经济管理出版社
　　　　　（北京市海淀区北蜂窝 8 号中雅大厦 A 座 11 层　100038）
网　　址：www. E-mp. com. cn
电　　话：（010）51915602
印　　刷：唐山昊达印刷有限公司
经　　销：新华书店
开　　本：720mm×1000mm/16
印　　张：13.25
字　　数：204 千字
版　　次：2024 年 1 月第 1 版　　2024 年 1 月第 1 次印刷
书　　号：ISBN 978-7-5096-9339-1
定　　价：88.00 元

前　言

　　证券市场从核准制向注册制转型的顺利实施，离不开信息披露制度的跟进与配合。我国发展三十余年的证券市场在借鉴美国等资本市场的基础上，建立了结构较为合理的多层次规范体系。然而，上市公司信息披露的同质化、形式化和模糊化趋势却明显加剧。考虑到行业间经营模式和业务的差异性，自 2013 年起沪深交易所先后调整信息披露监管模式，由按辖区监管转换为分行业监管，陆续发布了上市公司行业信息披露指引，制定了行业关键指标及差异化信息披露标准，旨在更好地向信息使用者传递有关企业的经营信息。而资本市场作为金融体系中重要的组成部分，其定价效率的高低取决于股价反映企业信息的能力。信息披露监管模式变更必然会引起企业信息披露行为和资本市场信息环境的变化，最终影响资本市场定价效率。因此，探究分行业信息披露监管对资本市场定价效率的影响具有重要的理论意义和现实意义。

　　基于上述的制度背景，本书将规范研究与实证研究相结合，综合运用有效市场假说、信息不对称理论、委托代理理论、信号传递理论、印象管理理论、组织模仿理论和管理层学习理论，基于股价同步性的视角，理论分析并实证检验了分行业信息披露监管对资本市场定价效率的影响，及影响渠道和经济后果，并得出如下结论：

　　第一，分行业信息披露监管降低了股价同步性，提升了资本市场定价效率。在经过替换被解释变量及样本、变更 PSM 匹配比例、平行趋势假设检验和安慰剂检验后该结论依然成立。此外，对分行业信息披露监管降低股价同步性的替代性解释进行了排除，结果发现分行业信息披露监管并未增加资本市场中的噪音交易，排除了分行业信息披露监管降低股价同步性是由于增加了噪音交易引起的可能性。进一步地，考虑外部信息环境的调节效应，发现分析师关注和媒体关注可以加强分行业信息披露监管对股价同步性的抑制作用，而投资者关注的调节效应并不显著，即随着分析师关注度和媒体关注度的提高，分行业信息披露监管对股价同步性的抑制效应显著增强。

第二，分行业信息披露监管有助于提高企业信息披露质量，增加企业信息披露数量。在经过替换被解释变量及样本、变更PSM匹配比例、平行趋势假设检验和安慰剂检验后该结论依然成立。这说明信息披露质量和信息披露数量在分行业信息披露监管对股价同步性的影响中发挥了部分中介作用，再次证明了股价同步性的降低是信息在发挥作用。考虑审计师行业专长、内部控制质量和投资者保护环境的影响，研究发现，在审计师行业专长更低、内部控制质量更低和投资者保护环境更差的样本组中，分行业信息披露监管更能显著提高企业信息披露质量和信息披露数量。

第三，从分行业信息披露监管影响资本市场定价效率的经济后果来看，在其他条件既定的情况下，分行业信息披露监管提升了资本市场定价效率，有助于降低企业融资成本和提升企业投资效率。通过替换被解释变量及样本、变更PSM匹配比例、平行趋势假设检验和安慰剂检验后该结论较为可靠。进一步的研究显示，分行业信息披露监管可以有效改善企业投资过度与投资不足。在区分产权性质、企业所处地区的市场化程度和经济政策不确定性时，发现产权性质为非国有企业、所处地区市场化程度较低和面临经济政策不确定性较高时，分行业信息披露监管更能显著降低企业融资成本；当企业的产权性质为国有企业、所处地区市场化程度较低和面临经济政策不确定性较高时，分行业信息披露监管更能显著提升企业投资效率。

本书的主要创新之处在于：第一，分行业信息披露监管可以降低股价同步性，提升资本市场定价效率，丰富分行业信息披露监管效果的相关研究。在注册制实施背景下，信息披露应当充分考虑信息使用者的需求，由此带动信息披露制度规则的革新。本书重点探讨了分行业信息披露监管对资本市场定价效率的影响，同时从分析师关注、投资者关注和媒体关注视角考察了外部信息环境对分行业信息披露监管与资本市场定价效率关系的调节效应，为监管机构调整信息披露监管政策、改善企业外部信息环境、优化企业信息披露行为提供了实践依据。第二，丰富了股价同步性影响因素的相关研究。现有关于股价同步性的研究，大多从公司信息环境、公司行为、公司治理、信息中介和制度安排展开，涉及的机理大多从信息视角和治理视角展开。此外，在不同的制度背景和研究问题下，学者们对股价同步性是否反映资本市场定价效率的"信息效率观"和"噪音观"存在争议。本书探讨了分行业信息披露监管对股价同步性的影响，从信息披露质量和信息披露数量两个视角探究其影响渠道，验证了分行业信息披露监管降低股价同步性是信息在发挥效应，并排除了可能的"噪音观"解释，从资本市场信息披露监管视角拓展了股价同步性的影响因素研究，有利于深入理解分行业信息披露监管对股价同步性影响的内在逻辑，为注册制下提高资本市场定价效率提供参考。第三，本书的研究结论既为分行业信息披露监管的实施提升了企业资本配置效率提供了经验证据，也丰富了企业融资成本和投资效率影响因素的相关研究。本书围绕股票价格的信号机制和反馈效应，探讨了分行业信息披露监管带来的资本市场定价效率的提升，进而降低了企业融资成本，提升了企业投资效率，验证了资本市场信息披露监管对企业投融资决策和资本配置效率的积极影响。

本书的研究结论为监管机构完善行业信息披露指引机制、引导企业积极主动披露行业经营性信息、提高分析师和媒体等信息中介的专业能力提供了经验支持和政策依据。

目　录

第一章

导论

一、研究背景与研究问题

资本市场在金融运行中发挥着重要的作用，而上市公司是资本市场的基石，其信息披露制度作为资本市场规范运行的有效保证，是投资者直接了解企业经营情况、判断企业投资价值的直接渠道。然而，上市公司信息披露的同质化、形式化和模糊化趋势明显加剧。考虑到行业间经营模式和业务的差异性，自 2013 年起沪深交易所修改信息披露监管模式，由"辖区监管"向"分行业监管"转变，接连发布了一系列上市公司行业信息披露指引。其中，深交所根据其上市公司的行业特点，从 2013 年 1 月至今共发布了 33 份行业信息披露指引，覆盖了创业板新兴行业披露指引体系内光伏产业链、医疗器械、LED 产业链等 15 个行业和传统行业信息披露指引体系内畜禽水产养殖、固体矿产资源等 18 个行业。上交所则发布或修订了 28 份行业信息披露指引，涵盖一般规定和房地产、集成电路、航空等运输设备制造、医疗器械、食品制造、黄金珠宝饰品、影视、家具制造、有色金属等 27 个行业。这些行业信息披露指引打破了原来对所有行业"一刀切"的监管方式，规定了不同行业的企业应当着重披露的行业特有关键指标，以向投资者传递更多与企业经营相关的信息。

学者们针对分行业信息披露监管所产生的相关影响展开了一系列研究并取得了一定的研究成果。首先，分行业信息披露监管提升了上市公司的会计稳健性和会计可比性（林钟高和李文灿，2021）；其次，分行业信息披露监管对上市公司税收规避（黄昊和赵玲，2021）、股价崩盘风险（赵玲和黄昊，2022）和费用粘性行为（赵玲和黄昊，2021）产生一定的治理效应；最后，分行业信息披露监管有助于提高分析师预测准确度（林钟高和朱杨阳，2021），提升企业投资效率（林钟高和刘文庆，2022）。但已有文献忽视了分行业信息披露监管对资本市场定价效率的影响。因此，本书研究分行业信息披露监管与资本市场定价效率的关系具有理论与现实意义。

资本市场对社会资源的有效配置具有重要作用，其定价效率的高低直接影响了金融服务实体经济的能力及效率。党的十九大以来，证监会在多次会议上反复强调要充分发挥金融服务实体经济的作用。因此，研究股价对资源配置的引导作用，对实现经济高质量发展具有重要的现实意义。越来越多的学者认识到，资本市场既对资本有效配置和金融稳定运行具有重要的作用，也是完善货币政策传导机制、实施宏观调控的重要手段。鉴于信息不对称和代理成本的普遍存在，资本市场依赖信息来交换价格信息。直观地说，信息的有效传递与整个市场的资源配置效率密切相关（Francis等，2004）。基于事实信息的有效传递形成的股价信号，使投资者可以制定满足目标收益的投资策略，这是提高资源配置效率和实现帕累托改进的关键（Durnev等，2004）。简而言之，股价越能反映公司信息，市场对资源的配置就越合理，资本市场定价效率也就越高。

然而，时至今日，我国证券市场定价效率仍有待提高，股价同步性现象比较严重，这引起了学者们对我国股价同步性影响因素的探讨。首先，由于管理层掌握着更多的关于企业实际经营情况的私有信息，他们出于各种动机的信息操纵行为会加剧其与外部信息使用者之间的信息不对称，降低股价反映企业信息的能力，从而提升了股价同步性（许晨曦等，2021；

沈华玉等，2017）。其次，公司所有权安排、审计质量、董事会特征等公司治理机制通过对管理层的有效监督可以减少其信息操纵的机会和降低信息操纵的成本，从而影响股价同步性（Gul 等，2010；高增亮等，2019；郭照蕊和张震，2021）。再次，公司关联交易、对外投资活动、金融化等行为也通过影响两类代理问题进而影响股价同步性（魏志华等，2020；刘海月等，2021；赵林丹和梁琪，2021）。复次，分析师和媒体不仅根据其跟踪的企业管理层披露的信息进行大量分析，还会将企业涉及的行业发展规划、国家政策支持等报告进行汇总加工，从而影响企业信息与系统信息融入股价的相对程度，进而影响股价同步性（伊志宏等，2019；曹啸和张云，2021；何贤杰等，2018）。最后，企业特质信息未能及时准确地反映在股价中，也可能是由于个别制度安排的不完善，因此，宏观环境和制度安排的优化也会影响股价同步性（顾琪和王策，2017；陈冬华和姚振晔，2018）。在中国这样的新兴市场下，上市公司股价"同涨同跌"现象较为突出，直接影响了资本市场定价效率。而相关研究缺乏关于分行业信息披露监管对资本市场定价效率的影响，因此，本书针对该问题展开研究。

进一步地，基于 Hayek（1945）的研究思想，股票市场具有信息传递的功能，信息使用者可以根据股价变化情况了解投资者对企业未来发展的预期，进而为企业的投融资决策和利益相关者的判断提供参考。大多数学者的研究证实了降低信息不对称、优化企业信息环境可以降低企业融资成本（Ahmed 等，2002；郑登津和闫天一，2016）。关于投资效率的研究，学者们大多围绕信息不对称和委托代理引发的投资效率低下展开，分别从公司信息环境（Edmans 等，2017；连立帅等，2019）、公司治理（Jiang 等，2018；潘越等，2020）、管理层特征（金智等，2015；Hu 和 Liu，2015）和外部制度环境（An 等，2016；陈运森和黄健峤，2019）等方面进行了探析。因此，分行业信息披露监管引起资本市场定价效率的变化，意味着企业内外部信息不对称程度的改变，深入探讨分行业信息披露监管引发资本市场定价效率改变，是否会进一步对融资成本高昂和投资效率低下发挥治理效应很有研究意义。

基于上述背景，本书基于有效市场假说、信息不对称理论、委托代理理论、信号传递理论、印象管理理论、组织模仿理论和管理层学习理论，首先，探讨我国分行业信息披露监管对股价同步性的影响，并从分析师关注、投资者关注和媒体关注三个视角检验外部信息环境对分行业信息披露监管引起股价同步性变化的调节效应。其次，分别从信息披露质量和信息披露数量两个维度探讨分行业信息披露监管对股价同步性的影响渠道，并从审计师行业专长、内部控制质量和投资者保护制度三个角度探讨分行业信息披露监管对信息披露质量和信息披露数量的异质性影响。最后，考虑到资本市场的基本功能是利用股价信号机制实现资本配置效率的提升，从融资成本和投资效率视角出发，探讨分行业信息披露监管对企业融资成本和投资效率的影响，并区分产权性质、企业所处地区的市场化程度和经济政策不确定性，探讨分行业信息披露监管对融资成本和投资效率的影响差异。

二、研究目的与研究意义

（一）研究目的

本书的总体研究目标为：从股价同步性视角构建分行业信息披露监管影响资本市场定价效率的分析框架，探究分行业信息披露监管对资本市场定价效率的影响及影响渠道和经济后果。具体包括三个子目标：其一，立足中国证券市场监管背景，研究分行业信息披露监管对资本市场定价效率的影响；其二，从信息披露的质量和数量两个维度探究分行业信息披露监管对股价同步性的影响渠道；其三，从融资成本和投资效率两个视角探讨分行业信息披露监管影响股价同步性的经济后果。

（二）研究意义

1. 理论意义

（1）拓展了分行业信息披露监管效果的研究。现有关于分行业信息披露监管政策效应的评估主要从会计信息质量、费用粘性、税收遵从、分析师预测和股价崩盘风险角度展开，缺乏关于其对股价同步性影响的相关研究。本书探讨了分行业信息披露监管对股价同步性的影响，完善了分行业信息披露监管效果的研究。

（2）丰富了股价同步性影响因素的研究。关于股价同步性的现有研究，学者们大多从企业信息环境、企业行为、公司治理、信息中介、制度安排和宏观环境视角展开，涉及的机理大多基于信息层面和治理层面，从监管视角研究股价同步性的文献主要聚焦于问询函和违规监管，未有研究从分行业信息披露监管的视角展开。本书探讨了分行业信息披露监管对股价同步性的影响，丰富了从监管视角对股价同步性影响因素的研究。

（3）剖析分行业信息披露监管对股价同步性的影响渠道，打开了分行业信息披露监管与股价同步性关系的"黑箱"。本书从信息披露的质量和数量两个角度探究分行业信息披露监管对股价同步性的影响渠道，有利于深化对于分行业信息披露监管能否以及如何发挥积极效应的理解。

（4）从企业融资成本和投资效率切入，本书探究了分行业信息披露监管影响股价同步性的经济后果，丰富了资本市场监管对企业资本配置效率的影响研究，从而证实分行业信息披露监管的有效性。

2. 实践意义

（1）为我国持续推进分行业信息披露监管提供了经验证据。本书评估了分行业信息披露监管的实施效果，为注册制下持续完善信息披露监管方式和交易所持续推进分行业信息披露监管相关政策发布与修订提供参考。

（2）为提高资本市场效率提供了经验支持。利用股价信号机制实现有限资源的优化配置是资本市场的基本功能，而实现这一基本功能的关键在于股价是否能够反映企业特质信息。本书从监管政策入手，探讨影响股价同步性的因素，深入剖析了分行业信息披露监管如何影响股价同步性，对分行业信息披露监管为实现资本市场高质量发展服务提供了证据支持。

（3）为降低企业融资成本和提高企业投资效率提供了政策依据。在资本市场中，信息乃一切决策的基础和依据。本书将分行业信息披露监管引起的资本市场定价效率变化纳入降低企业融资成本和提高公司投资效率的研究中，为降低企业融资成本和提高企业投资效率提供了经验证据，这对于提高我国投融资决策的科学化和金融服务实体经济的能力有着十分重大的现实价值。

三、研究内容、研究方法与技术路线

（一）研究内容

本书基于中国制度背景，重点探讨分行业信息披露监管对股价同步性的影响，并从信息披露质量和信息披露数量两方面深入分析其影响渠道。首先，在此基础上引入分析师关注、投资者关注和媒体关注这些市场参与者行为，探讨其对分行业信息披露监管与股价同步性两者关系的调节效应。其次，从企业融资成本和投资效率两个视角探讨分行业信息披露监管对股价同步性影响的经济后果。最后，根据研究结论提出政策建议。

第一章为导论。首先，阐述关于分行业信息披露监管的政策背景，并结合现有研究成果和不足，引出研究的核心问题；其次，提出研究目的和研究意义；再次，概述研究思路、研究方法和研究技术路线；最后，总结凝练研究可能存在的创新点。

第二章为文献综述。首先，回顾了股价同步性的内涵、影响因素方面的研究；其次，回顾了信息披露监管的相关研究；再次，回顾了关于融资成本和投资效率的相关研究；最后，进行简要评述，提出现有研究不足以及本书研究的切入点。

第三章为制度背景、概念界定与理论基础。首先，梳理我国分行业信息披露监管的制度背景；其次，对资本市场定价效率、融资成本和投资效率相关概念进行界定，为后文研究做好铺垫；最后，在理论基础方面，基于有效市场假说、信息不对称理论、委托代理理论、信号传递理论、印象管理理论、组织模仿理论和管理层学习理论，形成本书逻辑推演的理论支撑。

第四~第六章为解决核心研究问题，具体内容如图 1-1 所示。

图 1-1 主要研究内容

第四章为分行业信息披露监管对股价同步性的影响。分行业信息披露监管会引发企业信息披露行为的变化，从而改变股价同步性。基于信息效率观，本章理论分析并实证检验了分行业信息披露监管会降低股价同步性，并排除了股价同步性降低可能的"噪音观"解释，验证了分行业信息披露监管提升了资本市场定价效率。考虑到外部信息环境可能会影响分行业信息披露监管与股价同步性的关系，从分析师关注、投资者关注和媒体关注三个视角，论证并检验了其在分行业信息披露监管影响股价同步性中的调节效应。

第五章为分行业信息披露监管对股价同步性的影响渠道。从信息披露质量来看，分行业信息披露监管增强了信息间的相互印证度和信息可理解性，改善了监管模式，从而抑制了企业的信息操纵动机，提升了信息披露质量。从信息披露数量来看，分行业信息披露监管加剧了行业竞争，增强了资本市场交易动机下的自愿信息披露。此外，分行业信息披露监管增加了同行业绩和股价的可比性，在管理层才能示意动机下，管理层会披露更多的信息。因此，本章分别从信息披露的质量和数量两个维度展开，先探究分行业信息披露监管对信息披露行为的影响；然后从审计师行业专长、内部控制质量和投资者保护三个角度探讨分行业信息披露监管对信息披露行为的异质性影响。

第六章为分行业信息披露监管对股价同步性影响的经济后果。资本市场的基本功能是利用股价的信号机制使资源配置达到最优状态。分行业信息披露监管降低了股价同步性，使股价中包含了更多的企业特质信息，这可以降低企业与投资者或债权人之间的信息不对称，缓解企业融资行为中的逆向选择问题，降低了企业融资成本。另外，分行业信息披露监管降低了股价同步性，一方面基于股价的信号传递效应，富含企业信息的股价可以为投资者提供了解企业的机会，便于其监督管理层的投资效率低下的行为；另一方面基于管理层从股价中的信息学习行为，富含信息的股价可以为企业管理层提供其未能掌握的信息，从而提升投资决策的效率。因此，本章从融资成本和投资效率两个维度展开，分别探究分行业信息披露监管对融资成本和投资效率的影响，并从产权性质、市场化程度和经济政策不确定性三个视角研究分行业信息披露监管对融资成本和投资效率影响的异质性。

第七章为研究结论及启示。根据实证研究的主要问题，对本书的研究结论进行了总结，并在此基础上给出了相关的政策建议。此外，在对研究不足总结的基础上，对今后的研究进行了展望。

（二）研究方法

本书主要采用了规范研究方法和实证研究方法，具体如下：

1. 规范研究方法

第一至第三章主要采用文献研究法、逻辑分析法等规范研究方法对国内分行业信息披露监管制度背景和国内外关于股价同步性、信息披露监管、融资成本和投资效率的文献进行梳理，并基于有效市场假说、信息不对称理论、委托代理理论、信号传递理论、印象管理理论、组织模仿理论和管理层学习理论等对研究内容进行逻辑关系的梳理，构建"分行业信息披露监管对资本市场定价效率影响"分析框架，厘清相关因素之间存在的逻辑关系，力求探索出分行业信息披露监管对资本市场定价效率的影响渠道，并从融资成本和投资效率两个视角探究分行业信息披露监管对资本市场定价效率影响的经济后果，为实证检验提供理论支持。第七章采用归纳法总结本书结论，提出相应的政策建议。

2. 实证研究方法

主要采用 PSM-DID、平行趋势假设检验、安慰剂检验、中介效应检验等实证分析法。具体而言：

（1）PSM-DID。为了解决可能存在的政策自选择问题，首先采用 PSM 方法为受行业信息披露指引影响的企业逐年匹配对照，旨在使两组样本满足共同趋势假设。另外，考虑到不同行业信息披露指引出台的时间不同，分别构建以股价同步性、信息披露质量、信息披露数量、融资成本和投资效率为因变量，分行业信息披露监管政策实施时间和是否受分行业信息披露监管政策影响变量两者交乘项为自变量的多时点双重差分模型，以评估分行业信息披露监管对资本市场定价效率的影响及影响渠道和经济后果。在稳健性检验中，一是利用不同方法度量股价同步性指标、信息披露质量、信息披露数量、融资成本和投资效率进行实证检验；二是考虑到金融危机的后效性、中国股灾年（2015 年）和新冠疫情的影响，截取 2011 ~ 2014 年的样本和剔除 2019 ~ 2020 年的样本进行回归检验；三是进行 DID 的前提假设检验，即平行趋势假设检验。

（2）安慰剂检验。因同时期其他政策对实证结果产生影响，可能造成内生性问题，使用安慰剂检验来弱化这一问题。具体地，通过改变政策发生的时间节点，随机模拟处理组与控制组进行安慰剂检验。

（3）中介效应检验。为检验分行业信息披露监管对资本市场定价效率的影响机制，采用江艇的中介效应模型，检验信息披露质量和信息披露数量在分行业信息披露监管影响股价同步性中的中介效应。在分行业信息披露监管影响资本市场定价效率的经济后果检验中，采用温忠麟的中介效应模型，检验分行业信息披露监管提升资本市场定价效率，是否降低了企业融资成本、提升了投资效率。

（4）调节效应检验。第四章从分析师关注、投资者关注和媒体关注三个视角探讨外部信息环境在分行业信息披露监管与股价同步性关系中的调节效应。

（5）分组回归和似无相关检验。第五章从审计师行业专长、内部控制质量和投资者保护水平三个角度探讨分行业信息披露监管对信息披露质量和信息披露数量的异质性影响；第六章从产权性质、市场化程度和经济政策不确定性三个视角研究分行业信息披露监管对融资成本和投资效率影响的异质性。

（三）研究技术路线

本书主要采用传统性研究范式，即以问题的提出为起点，继而对问题进行剖析，给出相应的解决方案，由此，得到相应的研究结论和政策建议。具体而言：

1. 提出问题

通过总结和整理国内外关于股价同步性、信息披露监管、融资成本和投资效率的相关文献、详细梳理国内分行业信息披露监管的制度概要，提出研究主题：分行业信息披露监管对股价同步性的影响。

2. 分析问题

基于有效市场假说、信息不对称、委托代理、信号传递、印象管理、组织模仿和管理学习等理论基础，依托国内分行业信息披露监管的相关制度背景，对研究核心问题进行分析。

3. 解决问题

首先，理论上从信息披露质量和信息披露数量两条渠道剖析分行业信息披露监管对股价同步性的影响和影响渠道，继而通过收集整理上市公司数据对假说进行检验。在此基础上，从融资成本和投资效率两个视角探讨分行业信息披露监管对股价同步性影响的经济后果，进而全面刻画出分行业信息披露监管与资本市场定价效率的关系。

4. 结论建议

对本书的研究结论进行总结，并在此基础上给出相关的政策建议。此外，在对研究不足总结的基础上，对今后的研究进行展望。本书整体研究思路如图 1-2 所示。

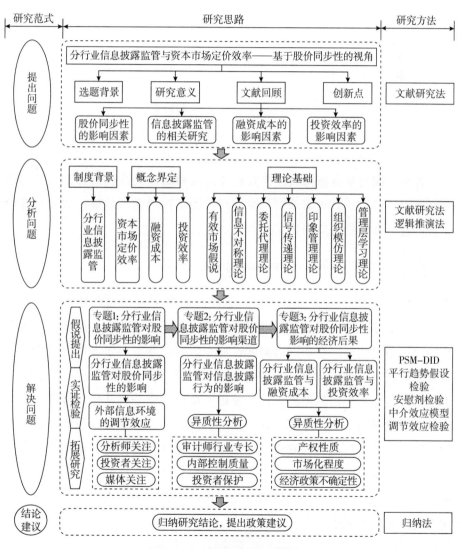

图 1-2　本书整体研究思路图

四、主要创新之处

本书可能的创新之处主要体现在以下三个方面：

（一）拓展分行业信息披露监管效果的研究

现有关于分行业信息披露监管政策效应的评估，学者们主要从会计信息质量、费用粘性、税收遵从、分析师预测和股价崩盘风险角度展开，缺乏对股价同步性影响的研究。本书探讨了分行业信息披露监管对股价同步性的影响，同时从分析师关注、投资者关注和媒体关注视角考察了外部信息环境对分行业信息披露监管与股价同步性关系的调节效应，为监管部门调整信息披露监管政策提供了参考。

（二）丰富股价同步性影响因素的研究

现有关于股价同步性的研究，学者们大多从公司信息环境、公司行为、公司治理、信息中介和制度安排展开，涉及的机理大多基于信息视角和治理视角。此外，在不同的制度背景和研究问题下，学者们对股价同步性是否反映资本市场定价效率的"信息效率观"和"噪音观"存在争议。本书探讨了分行业信息披露监管对股价同步性的影响，从信息披露质量和信息披露数量两个视角探究其影响渠道，验证了分行业信息披露监管降低股价同步性是信息在发挥效应，并排除了可能的"噪音观"解释，从资本市场信息披露监管视角拓展了股价同步性的影响因素研究，有利于深入理解分行业信息披露监管对股价同步性影响的内在逻辑，为注册制下提高资本市场定价效率提供参考。

（三）为分行业信息披露监管的实施提升企业资本配置效率提供经验证据，丰富企业融资成本和投资效率影响因素的研究

本书探讨了分行业信息披露监管带来了资本市场定价效率提升，进而降低了企业融资成本、提升了企业投资效率，验证了分行业信息披露监管对企业投融资决策和资本配置效率的积极影响。

第二章

文献综述

本章对研究所涉及的相关领域进行文献梳理，主要包括：①股价同步性影响因素的研究现状，其中包含股价同步性的内涵；②信息披露监管的研究现状，主要包括其法理分析和效应研究；③融资成本的影响因素研究现状，其中包含信息环境对融资成本的影响研究；④投资效率影响因素的研究现状，其中包含信息环境对投资效率的影响研究。最后，进行文献述评。

一、股价同步性影响因素的研究现状

本节根据已有研究梳理股价同步性的内涵，并从"信息效率观"和"噪音观"总结学者们对股价同步性形成机理的争议，并从企业层面、外部信息环境和宏观制度安排三个层面总结梳理影响股价同步性的相关因素。

（一）股价同步性的内涵

股价同步性是指某些公司股价在一段时间内同时上涨或下跌的现象，普遍存在于中国、马来西亚和波兰等发展中国家资本市场。关于股价同步性的研究最早可以追溯到 Roll（1988），他将个体回报率作为被解释变量，将其他共同经济因素作为解释变量进行回归，使用回归得到的 R^2 来衡量公司特质信息水平，值越高，说明公司特质信息水平越低。随后，Morck 等（2000）借鉴 Roll（1988）的做法，将资本市场总体收益率作为解释变量，将个体公司股票收益率作为被解释变量回归得到的 R^2 进行概念化，称其为股价同步性，其值越高，说明公司个体股价与市场价格变动的关联性较强，市场系统性因素对公司个体股价的解释力较强，即同步性较高，反之亦然。在此基础上，学者们对股价同步性的内涵进行了阐述，大部分学者对股价同步性的定义与内涵持有比较一致的观点，他们从公司个股与股票市场的关系入手，将股价同步性定义为特定时间段内公司个股的平均变动与股票市场平均变动之间的关联性（许年行等，2008）。

然而，股价同步性的形成机理引发了学术界的广泛争议，主要有"信息效率观"和"噪音观"两种观点。其中，"信息效率观"是从股价传递企业层面有效信息的角度而言的，认为股价在反映企业信息方面具有很高的有效性，即股价同步性越低，其反映的企业层面信息越多，资本市场定价效率越高。Ferreira 和 Laux（2007）研究发现，反收购条款较少的企业股价中包含了较多的公司特质信息，而公司控制权市场的开放性和机构知情交易的相互作用会影响股价吸收信息的程度。此外，分析师会花费大量的人力和物力去跟踪与调研公司，与管理层深度接触和沟通，旨在从管理层手中获取企业客户变动、市场渗透率等更多的公司私有信息，增加其预测准确性。而投资者热衷于富含企业私有信息的分析师报告，并利用其提供的信息进行交易，从而使股价能够捕捉到更多的企业特质信息（伊志宏等，2019），即分析师有助于使企业信息更好地反映在股价中，从而降低股价同步性（朱红军等，2007）。这些研究均支持了股价同步性的"信息效率观"。

而"噪音观"认为市场中除了有基于信息交易的参与者，还存在大量的噪音交易者，他们的行为都会影响股价中反映企业个体信息和系统信息的相对程度。股价同步性越低，表明可能有更多的噪音交易者误将企业信息当成噪音而导致资本市场定价效率较低。Barberis 等（2005）将研究从假定理性投资者的无摩擦资本市场扩展到了存在市场摩擦或噪音交易的市场中，这打破了股票联动与基本面相关的传统理论，发现在充斥着摩擦的现实市场中，投资者情绪会影响股价反映公司信息的程度。Wang 等（2009）、Hu 和 Liu（2013）、许年行等（2011）和孙刚（2011）的研究也证实了股价同步性的"噪音观"，他们认为在亟待完善的新兴市场，投资者对企业特质信息的反应偏误或企业基本面存在的不确定性会影响股价反映公司特质信息的程度，较低的股价同步性反映了更多的噪音交易（Chan 和 Chan，2014）。周林洁（2014）指出，当新兴市场上噪音交易居多时，较高的超额控制权会增加基本面的不确定性，从而增加了市场参与者基于不确定性基本面信息进行交易的概率，降低了股价同步性，从而有损资本市场定价效率，而治理好的企业表现出更高的股价同步性和更好的未来盈余。罗进辉等（2015）则从信息发布者视角验证了股价同步性的"噪音观"，发现更加勤勉尽职的金牌董秘能够在完善公司内部治理、加强投资者关系管理和提高企业信息披露质量方面发挥较好的作用，从而提升股价同步性。蔡栋梁等（2021）从地区法治水平视角支持了股价同步性的"噪音观"，研究发现随着地区税收征管力度的加强，市场参与者误将信息当成噪音交易的概率降低，股价同步性提高。这些研究均支持了股价同步性的"噪音观"。

（二）股价同步性的影响因素

学者们主要基于信息不对称理论、委托代理理论、公司治理理论和法与金融理论，分别从企业层面、外部信息环境和宏观环境层面探讨了其对股价同步性的影响。

1. 企业层面

上市公司因其信息披露、公司治理、财务行为等的差异，使其股价在资本市场表现不尽相同。

（1）信息披露方面。学者们普遍认为信息披露质量越高，在资本市场中的表现越好，股价同步性越低。从信息披露形式或内容而言，学者们主要从年报信息披露、业绩说明会信息、社会责任信息等展开。①年报信息披露方面。从年报文本特征而言，年报语调越乐观，企业层面特质性信息越少，股价同步性越高，资本市场定价效率越低（许晨曦等，2021）；相反，管理层讨论与分析（MD&A）语言越真诚，企业特质信息融入股价的程度越高，股价同步性就越低（王运陈等，2020）；Zhao 等（2022）研究发现语言专用性既能够降低投资者处理信息的成本，又能够提升投资者对企业信息的可信度，从而可以降低股价同步性。从年报披露的内容方面来看，企业披露的或有事项信息和客户身份信息越多，企业股价就越能捕捉到更多的企业私有信息，股价同步性就越低（张婷和张敦力，2020；李丹和王丹，2016）。然而，杨有红和闫珍丽（2018）研究发现，其他综合收益信息会吸引分析师跟踪，导致更低的分析师预测分歧，更高的预测准确性及股价同步性。②业绩说明会信息方面。业绩说明会作为投资者与管理层的近距离交流形式，拥有较高的实时互动性，而对于投资者的提问，管理层即兴答复的语调能够传递其对企业业绩的认可度，从而向投资者传递较多的企业层面信息（刘瑶瑶等，2021）。③社会责任信息方面。自愿披露社会责任报告的企业首次披露社会责任报告时显著降低了股价同步性（王艳艳等，2014）；上市公司披露更多涉及未来的定量财务信息有助于降低市场中的噪音交易概率（危平和曾高峰，2018）。此外，学者们还探究了关键审计事项和内部控制审计报告披露对股价同步性的影响，发现关键审计事项的披露和内部控制审计报告的自愿披露会降低股价同步性（Zhai 等，2021；方红星和楚有为，2019）。

（2）公司治理方面。学者们从所有权安排、审计质量、董事会特征等公司治理视角展开对股价同步性影响因素的探讨。①所有权安排方面。外资所有权和交叉上市与股价同步性呈显著负相关关系（Gul 等，2010；Li 等，2015）；当公司两权分离度较高、企业为国有性质、股权制衡度较低时，股价同步性较高（Boubaker 等，2014；王立章等，2016）；相反，当公司 CEO 为家族成员时，股价同步性降低（Xu 和 Zhang，2018；许静静，

2016)。②审计质量方面。事务所层面和审计师个人层面的审计师行业专长均与股价同步性显著负相关（高增亮等，2019）。③董事会特征方面。独立董事声誉激励越高，管理者能力越强，企业信息透明度越高，股价同步性越低（Sila 等，2017；李秉成和郑珊珊，2019）。高管的从业经历也会影响公司股价同步性，如有学者研究发现实际控制人拥有境外居留权、高管有注册会计师（CPA）工作经验有助于提升企业信息披露质量，从而降低股价同步性（郭照蕊和张震，2021；刘继红，2019）。相反，存在控股股东股权质押的企业，大小股东之间的代理问题更严重，管理层会倾向于模糊化企业信息以掩饰其私利行为，引致投资者更多地基于市场或行业信息进行交易，股价同步性较高（冯晓晴等，2020）。连锁董事加剧了企业间的信息披露模仿行为，导致存在董事联结的企业间信息披露同质化严重，这增加了投资者获取企业个性信息的成本，降低了股价反映企业个体信息的程度（李留闯等，2012）。

（3）企业行为方面。学者们主要就关联交易、对外投资活动、金融化等展开研究。①关联交易方面。魏志华等（2020）从"噪音观"角度对关联交易与股价同步性的关系进行了论证，认为关联交易会使管理层出于各种动机操纵信息，增加了市场参与者辨识信息真实性的难度，助长了市场中的噪音交易。公司反收购条款既加剧了第二类代理问题，助长了大股东掩饰其自利行为而进行的信息操纵，又削弱了投资者获取公司信息的积极性，从而提高了股价同步性（邓伟等，2020）。②对外投资活动方面。参与对外直接投资活动的上市公司通过改善内部信息披露质量和提高外部信息中介关注度，能更好地将公司特质信息释放在股价中，从而表现出较低的股价同步性（刘海月等，2021）。③金融化方面。出于预防性动机和投机性动机的金融化对股价同步性的影响大相径庭，前者表现出"披露效应"，能够降低股价同步性，后者表现出"遮掩效应"，可能恶化委托代理问题，从而促进股价同步性（赵林丹和梁琪，2021）。此外，企业战略偏离行业常规战略的程度越大，企业风险承担水平越高，公司股价同步性越低（李旎等，2021；田高良等，2019）。Cheong 等（2021）将营销学与金融学相结合，研究发现相对于竞争对手，做更多广告的企业具有较低的股价同步性，这意味着这些企业的股价变动更多地受到企业特定信息而不是一般行业和市场信息的驱动。当竞争对手产品召回时，高股价同步性的企业是"一丘之貉"，并获得负的异常报酬率，而股价同步性低的企业不受影响。

2. 外部信息环境

学术界普遍认为外部信息环境越好，股价融入企业个性信息的程度越高，股价同步性越低。学者们主要从交易者、分析师、媒体中介等展开。

（1）交易者方面。我国股票市场整体股价同步性偏高，知情投资者交易越多，投资者过度自信程度越高，机构投资者持股比例高和境外投资者交易多的企业股价同步性更低（陶瑜等，2016；金大卫和冯璐茜，2016；曹啸和张云，2021；张浩和陶伦琛，2021）。黄诒蓉和白羽轩（2021）从我国的基金网络视角探究了对股价同步性的影响，发现基金经理在重仓股的选择行为上会受其他基金经理的影响，由此形成的羊群行为严重损害了私有信息的产生与传递，阻碍了资本市场定价效率的提升。

（2）分析师方面。学者们对于分析师与股价同步性的关系研究得出的结论莫衷一是。Piotroski 和 Roulstone（2004）最早研究了分析师与股价同步性间的关系，发现分析师有获取行业层面信息的偏好，他们的比较优势在于解释特定行业或市场的趋势并改善行业内的信息传递，将其反映到股价中。即分析师关注与股价同步性呈同趋势变动。随后，张大永等（2021）、Chan 和 Hameed（2006）基于新兴国家的股票市场验证了Piotroski 和 Roulstone 的研究结论，发现在新兴资本市场上，一方面，分析师获取企业个性信息的能力较弱，他们大多结合一些行业报告、宏观战略等撰写分析师报告；另一方面，分析师跟踪的羊群行为会加剧行业信息和市场信息的聚集，弱化融入股价的企业个性信息含量，损害资本市场定价效率。然而，Crawford 等（2012）对美国资本市场进行研究发现，在分析师首次跟踪某一企业时，他们会选择收集和传播成本较低的信息，这可以使其有精力和时间关注更多的股票，从而获取更多的交易佣金和薪酬。而随后再次跟踪时，面临来自其他分析师的竞争压力，他们会有更大的动力来提供企业个性信息，以区别于已经关注企业的其他分析师。所以，分析师关注提高股价同步性只具有首次效应。伊志宏等（2019）发现在中国资本市场中，分析师能够降低股价同步性。而 Xu 等（2013）发现并非所有的分析师跟踪能够降低股价同步性，只有明星分析师可以做到。因为他们拥有比较独特的人力资本，其与企业管理层沟通的渠道较多，所以关注企业的明星分析师越多，股价反映企业特质信息的能力越强。

（3）媒体中介方面，Dong 和 Ni（2014）发现媒体报道较多的企业股价同步性较低，这是因为当一家公司引起他们的注意时，投资者会增加对其特定信息的获取（黄俊和郭照蕊，2014），且还有学者发现在制度基础薄弱的国家，这种负向关系更加显著（Dang 等，2020）。在社交媒体背景下，互动式信息沟通的频率、内容长度能显著降低上市公司的股价同步性（杨凡和张玉明，2020；谭松涛等，2016）。微博信息质量和微博信息中经营活动及策略类信息与股价同步性有着显著的高度负向线性关联性（刘海飞等，2017；何贤杰等，2018）。

3. 宏观环境层面

宏观环境作为影响股市的重要因素，对股价同步性也会产生影响。学术界主要从经济环境、社会文化环境和政治法律环境方面展开对股价同步性的影响研究。

（1）经济环境方面。学者们主要探究了金融开放、卖空制度、经济政策不确定性等经济环境对股价同步性的影响。①金融开放方面。资本市场开放显著降低了股价同步性，提升了资本市场效率（Chen 等，2021）。②卖空制度方面。顾琪和王策（2017）研究发现融资融券制度中的卖空摩擦会阻碍市场参与者对企业特质信息的充分挖掘，促使其过度利用市场或行业信息进行交易，损害了市场定价效率。③经济政策不确定性方面。王晓宇和杨云红（2021）研究发现经济政策不确定性的上升会提高股价同步性，降低市场信息效率。官峰等（2018）研究发现政商关系会严重损害信息披露质量，提高分析师获取和加工信息的难度与成本，而腐败官员落马有助于提高与之关联企业的分析师预测准确性，降低预测分歧度和股价同步性。此外，基础设施的建设和产业政策也会影响股价同步性。高铁开通拓宽了市场参与者的信息收集渠道，降低了其信息收集成本，加快了企业信息融入股价的速度，提升了定价效率（郭照蕊和张天舒，2021；杨昌安和何熙琼，2020）。受产业政策宣告和"一带一路"倡议影响的企业，股价同步性较低（陈冬华和姚振晔，2018；朱杰，2019）。

（2）社会文化环境方面。Eun 等（2015）研究发现文化通过影响投资者交易活动和企业信息环境的相关性来影响股价同步性，在集体主义文化盛行和"紧密联系"的国家，股价同步性更高。Qiu 等（2020）研究发现与低信任地区的企业相比，社会信任度高的地区的企业往往具有较小的股价崩盘风险，且不太可能从事机会主义行为或非法活动，因此社会信任水平越高的地区，股价同步性越低。

（3）政治法律环境方面。学者们从准则变迁和资本市场监管政策方面探究了影响股价同步性的因素。①在准则变迁方面，新审计报告规则施行后，股价能够捕捉到更多的企业层面信息，股价特质信息效率显著提升，验证了新审计报告的施行产生了增量信息（徐硕正和张兵，2020；王木之和李丹，2019）。史永和张龙平（2014）研究发现可扩展商业报告语言（XBRL）财务报告的实施便于投资者进行不同企业之间信息的横向比较和同企业不同时间点的纵向比较，提升了其信息处理的效率，从而有效降低了股价同步性。国外学者们基于一些法律条款进行了研究，发现总部所在州受到不可避免披露条款法案影响的企业，股价同步性显著提高，同时，年报中专有信息的披露会显著减少，这表明不可避免披露条款法案的实施提高了信息披露的专有成本，在这种情况下管理层隐藏了更多的信息（Kim 等，2021）。②在资本市场监管政策方面，无论是处罚性监管，还是非处罚性监管，他们都有利于揭示企业的特质信息，降低股价同步性（顾小龙等，2016；翟淑萍和韩贤，2021；袁蓉丽等，2021）。

二、信息披露监管的研究现状

我国监管机构总结多年监管实践经验，打破了对所有行业"一刀切"的信息披露监管，提出了分行业信息披露监管。由于该监管模式的实行时间较短，制度还不完善，时至今日，学者们关于证监会和证券交易所推行分行业监管的文献还较少，涉及了分行业信息披露监管对费用粘性（赵玲和黄昊，2021）、税收遵从（黄昊和赵玲，2021）、会计信息质量（林钟高和李文灿，2021）、分析师预测（林钟高和朱杨阳，2021）、股价崩盘风险（赵玲和黄昊，2022）和投资效率（林钟高和刘文庆，2022）的影响研究。因此，本书从信息披露监管角度切入，回顾相关文献内容。学者们对信息披露监管的研究大概基于两种研究范式：一是在法学框架下的法理分析及法条构建；二是从管制经济学、行为经济学、法经济学等视角对上市公司信息披露监管进行实证研究，旨在评估信息披露监管的效应。

（一）信息披露监管的法理分析

王惠芳（2009）提出分类监管的新思路，重点监控不可观测、不可核实的信息披露，从监管方向、法律责任、审计等方面督促这类信息的有效披露。徐聪（2011）论证了我国建立差异化信息披露法律制度的可行性，并提出以上市企业质量差异作为划分标准，从法律制定、规范认定和登记制度三方面落实差异化信息披露体系。魏紫洁和游士兵（2015）系统梳理了美国上市企业的分行业监管实践，为我国今后推行和完善分行业监管提出了建议参考。杨淦（2016）认为我国应当以信息供求双方的多样性和信息传递空间的层次化为视角，安排一种不同一、不统一的差异化信息披露制度体系，即从企业行业细分和风险评级角度进行信息披露规则的制定。

（二）信息披露监管的效应研究

关于信息披露监管的效应分析，一些学者基于信息披露监管政策变迁，考查政策实施的效应。此外，按照监管措施的类型，学者们重点讨论了行政处罚监管和非处罚性监管措施对公司信息环境、公司行为等的影响。

1. 基于信息披露监管政策变迁的研究

在国外证券市场高度发达的背景下，学者们倾向于考察一些信息披露监管政策变迁的效应。Huber（1997）从监管制度变迁等角度探讨了监管对证券市场信息效率的影响。Cohen 等（2008）以美国塞班斯（SOX）法案实施为研究背景，探究事件冲击前后上市企业盈余管理的情况，发现该法案通过之前，应计盈余管理一直在加剧，而在该法案通过之后，应计盈余管理显著减少。相反，真实盈余管理水平在法案通过之前下降，在法案通过之后显著增加，这说明企业在 SOX 法案通过后从应计盈余管理转向了真实盈余管理。AI-Akra 等（2010）基于约旦 1997 年《临时证券法》、2002 年《证券法》的出台，探究了会计监管政策对信息披露的影响，发现信息披露监管变革通过影响审计委员会的授权和企业信息披露，对上市公司的信息披露遵从度产生了积极影响。Kim 等（2021）利用美国"强制披露原则"的准自然实验，发现上市公司总部设立在承认"强制披露原则"的州，股价同步性显著提高。Dong 等（2016）基于美国强制采用 XBRL 政策冲击，发现 XBRL 的采用使财务报表具有机器可读性，因此市场上的参与者可以摆脱手工收集数据的低效率问题，从而更便捷地直接通过计算机软件处理不同数据项，提升个体信息融入股价的程度，进而降低了股价同步性。

2. 基于行政处罚性监管的研究

学者们主要从资本市场表现、产品市场表现、企业融资行为、企业盈余质量和所产生的溢出效应方面对行政处罚性监管进行了研究。①资本市场表现方面。我国行政处罚对企业股价产生了负面影响，大多数企业在受处罚前后的 5 天内遭受了 1%~2% 的损失（Chen 等，2005）。李小波和吴溪（2013）同样发现，受国家审计署监管处罚后的 38 家中央企业在国家审计公告事件日附近，股价反应显著为负。证监会对企业违规处罚既利于企业股价捕捉到更多的企业个体信息，也利于抑制噪音交易，即从信息与噪音对股价同步性的降低发挥双重效应（顾小龙等，2016）。②产品市场表现方面。Johnson 等（2014）研究发现违规处罚导致销售成本提高，销售收入减少，企业经营业绩下降。③企业融资行为方面。上市公司因为财务舞弊受到监管机构的惩罚会通过影响信用风险和信息风险来影响银企关系，惩罚事件会让银行等金融机构对企业未来的现金流和收益感到焦虑，进而加剧企业债务融资约束（Chen 等，2011；刘星和陈西婵，2018；朱沛华，2020）。上市公司因财务舞弊受到监管机构的惩罚不但会影响企业的传统融资，还会影响企业的商业信用等这类非正式融资。企业舞弊会损害其声誉与供应商—客户关系，企业商业信用会因此严重受损（修宗峰等，2021）。④企业盈余质量和所产生的溢出效应方面。监管机构对民营上市公司的违规行为具有事后治理效应，并且这种治理效应的外部性较为显著（沈红波等，2014）。此外，企业受到违规处罚还会引致分析师关注降低，增加其被出具非标审计意见的概率和审计费用（廖佳和苏冬蔚，2021；朱春艳和伍利娜，2009）。在违规处罚的溢出效应考查上，学者们从企业同行业、同地区、集团内部和审计师联结方面考察了企业违规处罚的溢出效应，发现企业违规被罚不仅会显著影响同行和集团内未受罚企业的资本市场表现（Beatty 等，2013；刘丽华等，2019），损害未受罚审计师声誉，降低审计师联结企业的审计收费（钱爱民等，2018），还会导致企业所在的城市中出于经济动机的社区犯罪（抢劫、盗窃等）增加（Holzman 等，2021）。

3. 基于非处罚性监管的研究

学者们主要从会计信息质量、资本市场表现和公司行为角度讨论了问询函这种非处罚性监管的经济后果。①会计信息质量方面。Bens 等（2016）发现公允价值问询函可以揭露企业公允价值披露缺陷，进而改进该类信息披露的可信度，降低投资者对公允价值信息评估的不确定性。Cassell 等（2019）研究发现，可读性较差的回函往往同时伴随着延迟回复问题，且之后财务重述的可能性更高。在中国的资本市场中，近年兴起的问询函作为一种自律监管，虽然在一定程度上降低了企业应计盈余管理（陈运森等，2019），但会助长企业转而进行更隐蔽的真实盈余管理，导致会计信息的真实性下降（Cunningham 等，2020）。在关注会计信息质量具体特征时，问询函监管提高了企业模糊化披露信息和隐瞒信息的成本，提高了会计信息可比性、可读性和稳健性（翟淑萍等，2020，2022；Bozanic 等，2017；Ryans，2021）。同时，也有学者以业绩预告为研究对象，发现问询函监管可以降低业绩预告偏差（李晓溪等，2019；翟淑萍和王敏，2019）。此外，问询监管能够发挥管制治理效应、有效市场监督作用、审计风险传导效应和信息促进效应，从而显著抑制内控审计意见购买（耀友福和薛爽，2020），提升关键审计事项信息含量（耀友福和林恺，2020），提高分析师盈余预测质量（丁方飞和刘倩倩，2019）。②资本市场表现方面。美国证券交易委员会公开披露意见信有正向市场反应，且这种反应平均持续两年（Duro 等，2019）。Johnston 和 Petacchi（2017）研究发现年报问询函有助于降低企业股票买卖价差风险，增加企业盈余反应系数，这在澳大利亚资本市场中也得到了验证（Drienko 等，2017）。在中国资本市场中，市场对收函公告的反应显著为负，对回函公告的反应显著为正（陈运森等，2018）。同时，随着问询函监管的施行，企业信息透明度提高，公司股价崩盘风险（张俊生等，2018）和股价同步性降低（Hao 和 Wang，2021），问询函监管的有效性得到了充分证实。③公司行为角度方面，问询函将企业推向聚光灯下，降低了收函企业的声誉，导致上市企业面临的融资约束加剧（翟淑萍等，2020）。Gietzmann 等（2014）发现 CFO 的离职率与企业收函概率相关，即随着问询函数量的增加，CFO 的离职率上升。问询监管抑制了大股东掏空（聂萍和潘再珍，2019），降低了企业的避税程度（Kubick 等，2016）。

三、融资成本的影响因素研究现状

本节根据已有研究总结影响企业融资成本的相关因素。企业的融资成本根据来源不同，可以划分为两类：一类来自股东的部分叫作权益融资成本，另一类来自债权人的部分叫作债务融资成本。经典的 MM 理论指出，在无摩擦、信息完全、无交易成本的理想资本市场中，企业不存在融资约束。而在充斥着摩擦的资本市场中，信息风险是影响企业融资成本的根本性因素。学者们围绕信号传递理论和信息不对称理论等，从企业内外部探讨了企业融资成本的多种影响因素。根据现有文献梳理发现，企业融资成本不仅受到微观企业层面信息披露、公司治理等因素影响，也会受到宏观环境层面制度、经济环境等因素的影响。下面围绕信息环境方面的因素和其他因素分别梳理企业融资成本影响因素的现有研究。

（一）信息环境对融资成本的影响研究

1. 债务融资成本

债务融资成本是企业向债权人获取资金所支付的筹集费用和使用费用。一般而言，管理层披露的信息是债权人评估企业风险的最直接依据，任何能够改变企业信息环境的制度或行为都将对企业债务融资成本产生影响（Sufi，2007）。从信息披露角度，企业的损益作为债权人评估企业风险的重要参考，会计稳健性要求企业及时计提损失和严格确认收益，这降低了债权人评估企业风险的不确定性（Watts，2003；Ahmed 等，2002），即会计稳健性与企业债务成本负相关（郑登津和闫天一，2016）。此外，企业披露更多的自愿性信息也有利于降低企业债务融资成本。孟晓俊等（2010）研究发现，企业自愿披露社会责任信息，既可以增加企业信息透明度，又可以提高企业良好声誉，从而降低了债权人对企业风险评估的不确定性，债务融资成本随之下降。徐经长等（2017）认为商誉信息具有一定的信息含量，会影响企业的债务资本成本，具有决策有用性。王建玲等（2016）研究发现，上市公司发布社会责任报告有助于降低债务资本成本，并且具有首次披露效应。内部控制缺陷披露会显著提高企业债务融资成本，而内部控制审计可以降低公司内控缺陷的概率，从而降低企业债务成本（王艺霖和王爱群，2014）。学者们发现分析师、媒体等信息中介可以降低企业债务融资成本。分析师可以发挥信息效应，深度挖掘企业的资产、收入信息等，为债权人获取企业信息提供了便捷（翟淑萍和袁克丽，2020）。媒体通过从各种来源收集、选择、验证、解释和整合有关企业基本面的信息，缓解信息摩擦，降低了债权人的风险溢价（Gao 等，2020）。

2. 权益融资成本

Botosan（1997）研究发现，更多和更高质量的信息披露可以降低企业权益融资成本，后续有多数学者证明了该结论（Lambert 等，2007；Hughes 等，2007；汪炜和蒋高峰，2004）。随着文本技术的发展，学者们研究了企业披露的信息内容对股权资本成本的影响。在社会责任信息披露上，Ng 和 Rezaee（2015）研究发现财务可持续绩效较好的企业具有更低的权益融资成本，这主要是由增长机会和研发投入导致的；非财务的 ESG 绩效与权益融资成本之间存在负相关关系。但只有环境绩效和治理绩效能够降低企业的权益融资成本，社会绩效和权益融资成本之间没有显著相关性。Dhaliwal 等（2011）研究发现，自愿披露社会责任报告的企业，权益融资成本更低。而李姝等（2013）基于中国情境，发现社会责任报告的披露对权益融资成本的降低作用存在"首次披露"效应。在风险信息披露方面，年报风险信息披露越多，市场给予的信任越多，权益融资成本越低（王雄元和高曦，2018）。在环境信息披露方面，沈洪涛等（2010）发现企业披露环境信息可以有效降低权益融资成本。在供应链客户信息方面，Orens 等（2013）研究发现，客户价值披露程度与权益融资成本负相关，且披露的客户价值信息的准确性也会影响这种关系。进一步地，定量客户价值信息披露与企业权益融资成本负相关，但定性客户价值信息披露与企业权益融资成本无显著关系。此外，学者还研究了内部控制缺陷披露对权益融资成本的影响，Ashbaugh 等（2009）认为首次披露内部控制缺陷的企业权益融资成本会增加，但随着其内部控制的改善，权益融资成本会有降低趋势。学者们除了基于信息内容对权益融资成本的研究，还关注管理层语调、可读性、及时性等特征对权益融资成本的研究：管理层语调具有定价功能，提高管理层净积极语调比例，能够降低权益融资成本（甘丽凝等，2019），而复杂的年报会阻碍投资者处理和解释年报的能力，从而导致更高的信息风险，权益融资成本随之提高（Garel 等，2018；Rjiba 等，2021）。此外，还有研究从管理层盈余预测、社交媒体等其他企业披露信息平台展开了研究，发现管理层盈余预测和使用推特会降低企业权益融资成本（Baginski 和 Rakow，2011；Cao 等，2017；Guindy，2021），投资者加强与企业的信息互动有助于降低企业权益融资成本（蔡贵龙等，2022）。

（二）其他因素对融资成本的影响研究

1. 债务融资成本

其他影响企业债务融资成本的因素，主要有企业特征、公司治理和外部制度环境等因素。

（1）企业特征方面。企业规模、盈利能力、成长性、偿债能力等均是债权人向企业提供信贷资金的依据，主要表现为：规模越大、盈利能力越好、成长性和偿债能力越强的企业，越能够以较低的成本获得债务融资（Bhojraj 和 Sengupta，2003；Bradley 和 Chen，2011；Minnis，2011）。此外，相当一部分学者研究了企业高管特质、个人经历对企业债务融资成本的影响。更好的管理能力可以减轻借款人的代理风险和信息风险，能力较高的管理者能够获得较低成本的银行贷款（Bui 等，2018）。高管的学术经历会使其形成一种沉稳的处事风格和较强的自我约束，促使其在企业信息披露上更加注重稳健性（周楷唐等，2017），从而缓解企业债务融资中的逆向选择。Donelson 等（2017）通过对 492 家银行进行调查，发现 58.3%

的受访者表示，管理人员的性格、声誉和经验等是评估信贷风险的最重要的因素，排在公司杠杆和财务状况、担保等因素之前，因为银行考虑到优秀的经理人可以更有效地将债务融资投资于净现值为正的项目。Regenburg和Seitz（2021）研究发现，CEO或员工的犯罪记录会传递更多的企业风险，放贷人会因此提高企业的贷款定价。

（2）公司治理方面。有效的治理机制可以降低代理成本，从而降低债务融资成本。已有研究表明，两类代理问题都有可能增加企业风险（Claessens等，2000），贷款人会因此提高贷款定价。所有权集中在创始人家族手中与债务代理成本负相关，因为家族企业倾向于避免高风险的项目，这使家族企业的债务融资成本比非家族企业的债务融资成本低约32%（Anderson等，2003）。而面对管理层的机会主义行为，债权人会理性地要求管理者缺乏自律的企业提高成本。类似地，对于预期股东可能采取过度投资等侵占利益行为的企业，债权人将要求更高的溢价（Boubakri和Ghouma，2010）。Klock等（2005）分析了反收购条款对债务融资成本的影响，发现反收购治理虽然不利于股东，但有利于管理者，与反收购条款约束较弱的企业相比，反收购条款约束较强的企业债务融资成本低34%。国内学者基于我国的混改背景，发现了非国有大股东治理可以降低企业债务融资成本（狄灵瑜和步丹璐，2022）。相反，大股东的股权质押行为会加剧大股东与中小股东之间的代理问题，传递企业风险信号，从而提升贷款成本（吴先聪等，2020；王皓非和钱军，2021）。审计师作为重要的外部治理方，其规模、任期、审计意见等都与企业债务融资成本存在显著相关关系（Mansi等，2004），聘请了大事务所、任期长的审计师的企业具有较低的融资成本。

（3）外部制度环境方面。从社会文化角度，Giannetti和Yafeh（2012）发现贷款人与借款人的文化差异会对国际银行贷款市场的贷款利差产生重大影响。在集体文化盛行的国家，管理层倾向于选择最小化企业破产风险的财务政策，债权人与企业之间的代理成本较低，从而使债务融资成本降低（Chui等，2016）。部分学者探究了一些政策出台对企业债务融资成本的影响。例如，"营改增"政策、新审计报告和利率市场化改革均可以显著降低试点公司或受政策影响企业的债务融资成本（曹越等，2021；姜丽莎等，2020；张伟华等，2018）。在法律环境角度，良好的制度环境有助于改善对债权人权利的保护，因此在法律制度环境好的国家，信贷成本较低（Qian 和 Strahan，2007）。Bae 和 Goyal（2009）发现强有力的法律保护提升了契约签订效率，进而导致更低的债务成本。在经济环境和基础建设方面，较高的经济政策不确定性会增加债权人评估企业风险的不确定性，对企业债务融资成本有显著负面影响（吴伟军和李铭洋，2019）。高铁开通提高了开通地的银行竞争水平，从而降低企业债务融资成本（吴赢等，2021）。

2. 权益融资成本

其他影响企业权益融资成本的因素，主要有企业层面的公司行为、公司特征和公司治理三方面及法律制度环境和市场环境等外部制度环境因素。

（1）公司行为方面。首先，转移到避税天堂的企业融资成本显著高于那些转移到非避税国家的企业（Lewellen 等，2021），而也有学者研究发现避税活动可以产生大量的现金税收节省，这增加了预期的未来现金流，从而降低了权益融资成本（Goh 等，2016）。另外，研究发现企业战略差异度越大，多元化程度越高，经营风险和信息不对称程度越高，企业权益融资成本越高（王化成等，2017）。其次，学者们还从企业聘用审计师方面展开，发现与拥有不受美国公众公司会计监督委员会（PCAOB）审查权限的审计师的美国上市公司相比，拥有受 PCAOB 审查权限的审计师的美国上市公司享有更低的融资成本（Lamoreaux 等，2020）。而在中国情形下，聘用高质量审计师可以显著降低非国有企业的权益融资成本，对国有企业却未发挥效应（Chen 等，2011）。最后，拥有上市期权的公司和 CEO 内部债务通过抑制管理层的过度风险承担而减少了股东的担忧，从而导致股东要求的回报率较低，即面临较低的权益融资成本（Shen 和 Zhang，2020；Naiker 等，2013）。

（2）公司特征方面。首先，学者们从企业核心竞争力、声誉方面进行了研究，发现企业核心竞争力可以降低经营风险和信息不对称程度，进而降低投资者所要求的风险溢价（戚聿东等，2021），并且声誉越好，其权益融资成本越低（Cao 等，2014）。其次，基于企业与利益相关者关系的角度，从供应链关系、政治关联等方面展开。研究发现拥有政治关联和较高的客户满意度的企业，权益融资成本越低（Truong 等，2021；Boubakri 等，2012）。在美国资本市场中，客户集中度会增加供应商的风险，从而导致更高的权益融资成本（Dhaliwal 等，2016）。然而，在我国特定市场环境中，较高的客户集中度可以改善企业的经营状况，降低企业经营风险，从而降低投资者所要求的风险溢价（陈峻等，2015），这与美国资本市场上得出的研究结论相反。最后，学者们基于高管特征发现拥有多面手CEO、卓越的企业管理实践和社会资本企业家企业，其权益融资成本较低（Mishra，2014；游家兴和刘淳，2011；Attig 和 Sadok，2018）。

（3）公司治理方面。良好的公司治理既可以降低内部人侵占的不可分散风险和外部投资者进行外部监督的成本，又可以限制机会主义内幕交易从而减少信息不对称来降低权益融资成本（Chen 等，2009）。具体而言，在股权结构方面，引入机构投资者和提高内部人持股比率可以改善公司治理和信息披露质量，降低其权益融资成本（代昀昊，2018；Pham 等，2012）。在董事会治理方面，董事会增选有助于更好地协调首席执行官和董事之间的关系，增加未来收益的可预测性，降低信息风险，从而降低权益融资成本（Bhuiyan 等，2022）。在高管激励方面，高管薪酬激励能发挥一定的竞争效应，缓解管理层与股东之间的代理问题，降低投资者所要求的风险溢价，从而降低资本的隐性成本（孙多娇和杨有红，2018）。此外，还有学者研究发现董责险弱化了股东诉讼对管理层的威慑力，投资者出于风险补偿，会索取较高的股权成本（冯来强等，2017）。

权益融资成本的外部环境层面影响因素主要涉及法律制度环境和市场环境方面。

（4）法律制度环境方面。企业权益融资成本受到法律制度环境的影响。在制度环境完善的地区，企业信息透明度较高，投资者的信息风险较低，权益融资成本越低（李慧云和刘镝，2016）。从会计准则改革的视角，美国《税法》出台和国内会计准则改革显著增强了股票流动性、降低了上市公司的权益融资成本（Dhaliwal，2007；高芳和傅仁辉，2012）。此外，学者们还集中探讨了就业保护法对权益融资成本的影响，Chu 等（2020）的研究发现，劳动保护越强的国家，一方面企业经营灵活性的降低和经营成本粘性的增强会加剧股权风险和预期股票回报，另一方面与拥有更大劳动保护的员工签订合同会导致信息披露的专有成本和企业信息不透明度增加，因此企业的权益融资成本越高（Chen 等，2011），而当企业中存在控股股东时，尤其是在家族控股的情况下，劳动法规对股权成本的不利影响会得到缓解。在投资者保护方面，当投资者保护制度得到强有力的执行时，企业权益资本成本会随之降低（La Porta 等，2002）。

（5）市场环境方面。在经济转型时期，经济政策不确定性影响投资者对政府未来可能采取何种政策的判断，投资者会关注经济政策不确定性，经济政策不确定性越高，市场风险溢价越高（Chan 等，2021）。同样地，当机构份额较大的企业在遭受干旱和面临贸易限制时，投资者要求的风险溢价较高（Huynh 等，2020；程小可等，2021）。在基础建设方面，郭照蕊和黄俊（2021）也发现，高铁开通到上市企业所在地，更加便捷了投资者进行实地调研，大大降低了企业的权益融资成本。

四、投资效率的影响因素研究现状

本节借鉴现有研究，总结了影响企业投资效率的相关因素。在一个完美的资本市场中，投资机会的多寡应该是企业投资的唯一决定因素。然而，在实践中，信息不对称和委托代理问题等许多因素会影响企业的投资效率。

（一）信息环境对投资效率的影响研究

高质量的会计信息可以更好地监督管理层，较大可能地减少逆向选择和道德风险，从而减少信息不对称，大幅缓解过度投资和投资不足问题（Bushman 和 Smith，2001；Biddle 和 Hilary，2006；Biddle 等，2009）。此外，高质量的会计信息可以更好地识别投资机会，为内部决策者提供更真实的会计信息，使管理者做出更好更科学的投资决策，从而提高投资效率（Gomariz 和 Bellesta，2014；Elaoud 和 Jarboui，2017）。相反，先前的研究认为盈余管理会扭曲经理人使用的信息，从而损害投资效率（McNichols 和 Stubben，2008）。

近年来，随着信息技术和文本挖掘技术的发展，学术界还研究了非财务信息对企业投资效率的影响。自愿性信息披露的动机会决定其对投资效率的影响。出于资本市场交易动机的信息披露既可能降低信息不对称，提升公司声誉，从而提高投资效率（曹亚勇等，2012；张超和刘星，2015），也可能为了获取私益而进行盈余管理，从而误导投资者。因此，非财务信息具有双刃剑效应，在缓解投资不足的同时会加剧过度投资（程新生等，2012）。此外，王帆和邹梦琪（2022）检验了关键审计事项披露对企业投资效率的影响，发现关键审计事项披露越详细、文本越精确，越能提升企业投资效率，而可读性和语调对投资效率影响有限。而分析师报告中关于资本支出预测的信息有助于提升企业投资效率，并且当这类预测信息由明星分析师和更具有行业知识的分析师发布时，效果更为明显（Choi 等，2020）。

除上述从企业信息披露的视角探究其对投资效率的影响外，关于信息环境影响投资效率的另一条研究分支便是从资本市场中的股价信息含量视角，研究企业管理者在投资决策中是否以及在多大程度上从股票价格中学习。股价中聚合了来自许多不同参与者的信息，这些参与者在交易过程之外并无与企业沟通的渠道，因此，股价中可能包含了一些经理人未能掌握的信息（Dow 和 Gorton，1997；Subrahmanyam 和 Titman，1999），这些信息反过来可以指导经理人做出投资决策。即通过股票市场上不同投资者的交易活动聚集并传递到股票价格中的信息可以被管理层在做投资决策时使用。实证文献对这一观点提供了很多支持，Chen 等（2007）研究证实了股价会引导经理人做出投资决策，即金融市场会影响实体经济。同样地，杨继伟（2011）的研究也证实了该结论，认为富含信息的股价通过降低融资约束和代理成本两方面改善企业投资效率。陈康和刘琦（2018）、连立帅等（2019）考虑到使用股价同步性和知情交易概率可能存在较大的内生性，不能较好地反映股价中的私有信息，就利用外部政策冲击构建模型验证中国 A 股市场也存在股价的反馈效应。Goldstein 等（2013）和 Edmans 等（2017）发现，当股票价格拥有最大信息量时，资本提供者的决策效率最高。Foucault 和 Fresard（2014）的研究指出一个企业的同行市场估值会影响其投资，因为这种估值会让管理者了解企业的增长机会，从而补充管理者可以获得的其他信息，如企业自身的股票价格（张晓宇等，2017）。Kusnadi 和 Wei（2017）使用国际样本，研究发现了在资本市场更发达、股票流动性和研发密集度更高的国家，公司投资对股价更敏感，这证实了迎合投资理论。Foucault 和 Frésard（2012）研究发现，交叉上市一方面可以使知情交易者有更多的交易场所利用其私人信息，另一方面促进了东道国市场投资者的交易，这些交易中含有一些经理人无法获得的新信息。因此，交叉上市对投资价格敏感性的影响更强。以上研究均发现管理层会从股价中学习一些自己所不拥有的信息，从而做出理性决策。

（二）其他因素对投资效率的影响研究

前文回顾了信息环境对企业投资效率的影响因素，在此主要从公司治理、管理层特征和外部制度环境角度来回顾投资效率的影响因素研究。

1. 公司治理方面

良好的公司治理可以缓解代理问题，从而对投资效率低下产生治理效应。Francis 等（2013）基于新兴市场，研究发现解决大股东与小股东之间的利益冲突是新兴市场的关键，过度投资作为控股股东侵占公司资源的重要手段之一，良好的公司治理和投资者保护制度均可以减轻控股股东侵占公司资源的程度，从而提升投资效率，两者发挥相互替代作用。同样地，这些结论在中国资本市场上也得到了验证（方红星和金玉娜，2013）。而股权激励有利于缓解股东与管理者的利益冲突，对企业投资效率低下发挥治理效应（徐倩，2014），CEO 自由裁量权则在一定界限内可以提高企业投资效率，但超过这一界限会损害企业投资效率（陈志斌和汪官镇，2020）。此外，学者们也深入剖析了股东网络对投资效率的治理效应。拥有多个大股东的企业通常比拥有单一大股东的公司具有更高的投资效率（Jiang 等，2018），因为多个大股东形成的股东网络可以更好地发挥监督效应，以阻止或尽可能减少控股股东的过度投资行为，并且这种影响在控股股东表决权与现金流权分离的企业更显著。潘越等（2020）从连锁股东视角出发，发现连锁股东会表现出竞争合谋效应，最终导致同行企业出现投资不足。

　　2. 管理层特征方面

　　学者们主要从管理者的个人特征和个人经历方面探究了管理层特质对企业投资效率的影响。管理层的个人特征会影响其信念、风险承担、情绪和决策方向，所以学者们研究发现管理层的教育水平越高、年龄越大，那么他的决策越理性保守，就越有利于抑制企业的过度投资行为，这个结论在董事长群体中也成立（姜付秀等，2009）。此外，学者们还从 CEO 任期和董事会性别比例角度展开研究，发现 CEO 的既有任期越长，女性董事比例越低，企业的投资水平越高；CEO 的预期任期越短，女性董事比例越高，企业的投资水平越低（李培功和肖珉，2012；金智等，2015）。另一部分文献则主要从管理层的个人经历方面展开研究，如管理层的职业经历、教育经历和生活经历等。管理者的经历会深刻影响其价值观，进而影响他们的投资选择。具体而言，具有金融财经工作经验的 CEO 的企业往往持有更少的现金、更多的债务，且更多地参与股票回购，他们会更加科学动态地管理企业的现金和杠杆，从而显著改善企业投资效率（李焰等，2011；Custodio 和 Metzger，2014）。不仅如此，Hu 和 Liu（2015）则发现具有丰富职业经历的 CEO 往往具有多样化的社会关系，这一方面有利于其通过转移私人信息和优化治理机制从而向银行寻求更多的资金，另一方面有利于其更高效地获取投资机会、组织资源和执行契约，从而提升投资效率。代昀昊和孔东民（2017）发现具有海归经验的管理者具有更加丰富的金融投资知识和公司治理经验，有助于企业建立良好的治理体系，所以具有海归经验的管理者任职的企业投资效率更高。Malmendier 等（2011）研究发现经历大萧条会导致管理层对外部资本市场的信心下降，更倾向于保守的投资决策，而战斗经验则会诱导管理层的攻击性或冒险性行为，表现为过度投资。

3. 外部制度环境方面

学者们主要从环境不确定性、政策变迁、地区文化等角度展开研究。①从环境不确定性方面。环境不确定性增加了企业信息不对称程度，加大了股东监督难度，管理者倾向过度投资的可能性提高（徐倩，2014）。An 等（2016）的研究结果表明，政府官员更替会导致企业投资显著减少，对于国有企业和资本密集型企业来说，这种政府官员更替对企业投资的影响更大，印证了减少政府官员更替有助于缓解经济下滑。相似地，学者基于中国的四万亿刺激计划发现其显著阻碍了投资效率的提升，而较好的信息披露质量在一定程度上可以缓和其负面影响（黄海杰等，2016）。刘海明和曹廷求（2017）发现信贷供给增加会降低投资—投资机会敏感度，即信贷扩张降低了信贷资源配置效率。②从政策变迁方面。刘星和台文志（2020）研究发现，《薪酬制度改革方案》增加了代理成本，显著抑制了中央企业的投资效率。陈运森和黄健峤（2019）、连立帅等（2019）研究发现，沪深港通的开启提高了会计信息质量和分析师预测准确度，从而促进了标的企业投资效率的提高。王仲兵和王攀娜（2018）发现卖空机制通过股价压力传导增加了大股东监管管理层的动机，降低了企业非效率投资。此外，万良勇（2013）发现强有力的法治水平可以对企业投资偏离正常水平发挥治理效应。③从地区文化方面。赌博文化加剧了企业的第一类代理问题，增加了企业的风险承担水平，引发了企业过度投资，从而导致投资效率低下（Lin 等，2022）。

五、文献述评

综上所述，基于我国制度背景，学者们对分行业信息披露监管的研究尚处于起步阶段，现有关于分行业信息披露监管对股价同步性的影响研究有较大的拓展空间。具体如下：

（一）关于股价同步性的影响因素研究

现有股价同步性的影响因素研究大多从企业信息环境、公司行为、公司治理、外部信息环境和宏观环境角度展开，涉及的机理大多从信息和治理层面展开。同时，在不同的制度背景和研究问题下，学者们对股价同步性是否反映资本市场定价效率的"信息效率观"和"噪音观"存在争议。而在我国资本市场不发达、发展不健全的制度背景下，随着注册制改革的施行，研究股价同步性能够为资本市场价格发现、资源配置效率功能的好坏提供参考。现有文献尚未探究分行业信息披露监管对股价同步性的影响。

（二）关于分行业信息披露监管政策的研究

现有关于信息披露监管政策的研究主要涉及从法理视角的规范研究和对相关监管政策效应评估的实证研究，这些监管政策主要涉及违规监管、问询函监管、退市监管等。关于分行业信息披露监管的研究，仅涉及其对费用粘性、税收遵从、会计信息质量、分析师预测和股价崩盘风险的影响研究。分行业信息披露监管对股价同步性有何影响，未有研究展开。

（三）关于分行业信息披露监管对股价同步性影响渠道的探讨未有学者涉及

现有关于分行业信息披露监管的文献证明了其可以提高企业会计信息可比性、稳健性，降低盈余管理程度等，而信息的产生和有效传递与整个市场的资源配置效率密切相关。这为本书探究分行业信息披露监管对股价同步性的影响渠道和外部信息环境的调节效应提供了有利契机。

（四）关于分行业信息披露监管对融资成本的影响未有研究涉及

现有研究证实了降低信息不对称、优化企业信息环境可以降低企业融资成本。此外，还有学者从企业特征、公司治理和外部制度环境等视角分析了企业债务融资成本和权益融资成本的影响因素。而分行业信息披露监管引起的企业信息环境变化是否可以降低企业融资成本，未有学者探讨，这为本书剖析分行业信息披露监管提升了资本市场定价效率进而影响企业融资成本的研究提供了机会。

（五）关于分行业信息披露监管影响资本市场定价效率，进而影响投资效率的影响未有研究涉及

学者们分别就信息不对称和委托代理引发的投资效率低下展开了诸多研究，分别从企业信息环境、公司治理、管理层特征和外部制度环境等进行了探析，却未有学者从股价的信号机制和反馈机制去深入探讨分行业信息披露监管是否会对企业的投资效率低下发挥治理效应，这也正是本书要进一步探究的内容。

第三章

制度背景、概念界定与理论基础

本章首先分析了分行业信息披露监管的制度背景，其次界定本书的主要概念：资本市场定价效率、融资成本和投资效率。最后介绍研究的理论基础，包括有效市场假说、信息不对称理论、委托代理理论、信号传递理论、印象管理理论、组织模仿理论和管理层学习理论，旨在为后续章节的实证检验奠定理论基础。

一、分行业信息披露监管的制度背景分析

近年来，随着我国资本市场注册制改革的施行，一系列有关监管理念转变的改革措施逐渐呈现。分行业信息披露监管则是我国证券监管机构在吸收一些西方发达国家和亚洲一些国家的资本市场监管经验基础上实施的制度革新。本节梳理了我国分行业信息披露监管的制度背景。

自 1990 年中国证券市场建立以来，中国一直施行辖区监管。在这种监管模式下，上市公司信息披露存在一些问题：一是信息披露模板化较为严重。我国上市公司中制造业企业占比较多，导致信息披露也以制造业企业为基础，大多数企业机械照搬现象等形式化较为严重，未能真实地披露企业信息。二是信息披露的及时性不足。上市公司往往会出于自身业绩较

差或其他原因主观地延迟披露相关信息，影响资本市场效率。三是风险信息披露不足。证监会未能对存在问题的企业和不存在问题的企业进行明确分类，并针对存在问题的企业规定披露要求，导致某些企业尚未充分地披露其风险信息，从而影响投资者决策。四是监管工作较为粗放。辖区监管下，同一监管人员要同时监管不同行业、不同类型的企业，对被监管上市公司的复杂性、动态性等缺乏系统分类剖析，监管工作较为粗放，监管效果欠佳。

2012 年，中国证监会上市公司监管部提出证监会将探索根据不同行业、类型等建立差异化的信息披露制度，引导企业披露个体特质信息，提高信息披露的有效性与针对性。自 2013 年以来，根据监管转型的总体安排和投资者的实际需求，中国证监会上市公司监管部调整辖区监管模式，逐步实施分行业信息披露监管的总体思路。以投资者需求为导向，沪深交易所发布和完善了行业信息披露指引。如表 3-1 所示，其中，深交所根据其上市公司的行业特点，从 2013 年 1 月至今共发布了 33 份行业信息披露指引，覆盖创业板新兴行业披露指引体系内光伏产业链、医疗器械、LED 产业链等 15 个行业和传统行业信息披露指引体系内畜禽水产养殖、固体矿产资源等 18 个行业。2015 年 1 月 5 日起，上交所则发布或修订了 28 份行业信息披露指引，涵盖一般规定和房地产、环保服务、水的生产与供应、化工、航空运输、农林牧渔、集成电路、航空等运输设备制造、医疗器械、食品制造、黄金珠宝饰品、影视、家具制造、有色金属等 27 个行业的信息披露指引。《上市公司行业信息披露指引第 1 号——一般规定》，上市公司应当主动披露对投资者决策有重大影响的行业经营性信息，其他具体行业信息披露指引也对信息披露做了要求。例如，上交所《上市公司行业信息披露指引第七号——医药制造》规定，上市公司应披露与公司主要药品（产品）基本情况相关的信息，如药品名称、适应证或功能主治、发明专利的起止年份、所属药品（产品）的注册及分类、是否为中药保护品种等；上交所《上市公司行业信息披露指引第五号——零售》要求，企业披露报告期末门店及网上销售的分布及变动情况；《深圳证券交易所创

业板行业信息披露指引第 1 号——上市公司从事广播电影电视业务》要
求，在年报中分析公司竞争力时，应详细披露对公司核心竞争能力有重大
影响的演职人员（包括但不限于制片人、导演、演员）的变动情况，以及
前述变动对公司经营的影响和公司采取的应对措施等。

表 3-1　行业信息披露指引概览

交易所	实施时间	文件名称	涉及行业	状态
上交所	2015 年 10 月 1 日	上市公司行业信息披露指引第 1 号	一般规定	发布
		上市公司行业信息披露指引第 2 号	房地产	发布
		上市公司行业信息披露指引第 3 号	煤炭	发布
		上市公司行业信息披露指引第 4 号	电力	发布
		上市公司行业信息披露指引第 5 号	零售	发布
		上市公司行业信息披露指引第 6 号	汽车制造	发布
		上市公司行业信息披露指引第 7 号	医药制造	发布
	2016 年 1 月 1 日	上市公司行业信息披露指引第 8 号	石油和天然气开采	发布
		上市公司行业信息披露指引第 9 号	钢铁	发布
		上市公司行业信息披露指引第 10 号	建筑	发布
		上市公司行业信息披露指引第 11 号	光伏	发布
		上市公司行业信息披露指引第 12 号	服装	发布
		上市公司行业信息披露指引第 13 号	新闻出版	发布
	2017 年 1 月 1 日	上市公司行业信息披露指引第 14 号	酒制造	发布
		上市公司行业信息披露指引第 15 号	广播电视传输服务	发布
		上市公司行业信息披露指引第 16 号	环保服务	发布
		上市公司行业信息披露指引第 17 号	水的生产与供应	发布
		上市公司行业信息披露指引第 18 号	化工	发布
		上市公司行业信息披露指引第 19 号	航空运输	发布
		上市公司行业信息披露指引第 20 号	农林牧渔	发布
	2019 年 1 月 1 日	上市公司行业信息披露指引第 21 号	集成电路	发布
		上市公司行业信息披露指引第 22 号	航空、船舶、铁路运输设备制造	发布
		上市公司行业信息披露指引第 23 号	医疗器械	发布

续表

交易所	实施时间	文件名称	涉及行业	状态
上交所	2019 年 1 月 1 日	上市公司行业信息披露指引第 24 号	食品制造	发布
		上市公司行业信息披露指引第 25 号	黄金珠宝饰品	发布
		上市公司行业信息披露指引第 26 号	影视	发布
		上市公司行业信息披露指引第 27 号	家具制造	发布
		上市公司行业信息披露指引第 28 号	有色金属	发布
		上市公司行业信息披露指引第 4 号	电力	修订
		上市公司行业信息披露指引第 7 号	医药制造	修订
		上市公司行业信息披露指引第 11 号	光伏	修订
		上市公司行业信息披露指引第 12 号	服装	修订
	2021 年 1 月 11 日	上市公司行业信息披露指引第 5 号	整合房地产、医药制造、化工等行业信息披露指引（共 16 项）进行了修订；保留了《上市公司行业信息披露指引第 1 号——一般规定》的相关内容，删除了其余 11 项	修订
深交所	2013 年 1 月 7 日	创业板行业信息披露指引第 1 号	广播电影电视业务	发布
		创业板行业信息披露指引第 2 号	药品、生物制品	发布
	2015 年 2 月 26 日	创业板行业信息披露指引第 1 号	广播电影电视业务	修订
		创业板行业信息披露指引第 2 号	药品、生物制品	修订
	2015 年 7 月 4 日	创业板行业信息披露指引第 3 号	光伏	发布
		创业板行业信息披露指引第 4 号	节能环保服务	发布
	2015 年 9 月 2 日	创业板行业信息披露指引第 5 号	互联网游戏	发布
		创业板行业信息披露指引第 6 号	互联网视频	发布
		创业板行业信息披露指引第 7 号	电子商务	发布
	2016 年 7 月 14 日	创业板行业信息披露指引第 1 号	广播电影电视业务	修订
	2016 年 9 月 19 日	创业板行业信息披露指引第 8 号	互联网营销	发布
	2017 年 3 月 13 日	创业板行业信息披露指引第 9 号	LED 产业链	发布
		创业板行业信息披露指引第 10 号	医疗器械	发布
	2015 年 12 月 28 日	行业信息披露指引第 1 号	畜禽、水产养殖	发布
		行业信息披露指引第 2 号	固体矿产资源	发布

续表

交易所	实施时间	文件名称	涉及行业	状态
深交所	2017 年 11 月 3 日	行业信息披露指引第 3 号	房地产业	发布
		行业信息披露指引第 4 号	种业、种植	发布
	2016 年 11 月 14 日	行业信息披露指引第 5 号	工程机械	发布
		行业信息披露指引第 6 号	装修装饰	发布
	2017 年 5 月 19 日	行业信息披露指引第 7 号	土木工程建筑	发布
	2017 年 10 月 20 日	行业信息披露指引第 8 号	零售	发布
		行业信息披露指引第 9 号	快递服务	发布
	2018 年 5 月 11 日	行业信息披露指引第 10 号	民用爆破	发布
		行业信息披露指引第 11 号	珠宝	发布
		行业信息披露指引第 12 号	软件与信息技术服务	发布
	2019 年 10 月 27 日	创业板行业信息披露指引第 1~10 号	1~10 号文件涉及行业	修订
		行业信息披露指引第 1~9 号	主板 1~9 号文件涉及行业	修订
	2019 年 11 月 3 日	创业板行业信息披露指引第 11 号	工业机器人产业链相关业务	发布
		创业板行业信息披露指引第 12 号	集成电路相关业务	发布
		创业板行业信息披露指引第 13 号	锂离子电池产业链相关业务	发布
		行业信息披露指引第 13 号	非金属建材相关业务	发布
	2021 年 1 月 6 日	行业信息披露指引第 14 号	食品及酒制造相关业务	发布
		行业信息披露指引第 15 号	电力	发布
		行业信息披露指引第 16 号	汽车制造	发布
		行业信息披露指引第 17 号	纺织服装	发布
		行业信息披露指引第 18 号	化工行业	发布
	2021 年 1 月 7 日	创业板行业信息披露指引第 14 号	通信相关业务	发布
		创业板行业信息披露指引第 15 号	网络安全相关业务	发布

　　在信息披露内容方面，行业经营性信息是投资者了解公司、做出投资决策的重要依据。据此，沪深交易所发布多份《行业信息披露指引》引导企业披露更多的行业经营性信息，提高其信息披露的有效性和针对性。具

体而言，一是行业信息披露指引要求企业紧密围绕反映公司价值和风险的核心要素，强化行业宏观信息、客户市场开发、关键资源状况、盈利战略规划、关键流程执行"五个维度"的信息披露内容[①]，增加对公司行业关键指标和业务信息的披露要求。二是上市公司应有针对性地披露行业具体相关的业务信息，结合公司的经营模式和关键指标，进行实质性分析，揭示公司经营发展趋势，提示行业风险因素。上市公司在其行业经营信息中使用特定指标的，应当详细说明其含义，并说明计算依据和假设，确保不同报告期间所用指标的一致性。指标的计算依据和假设发生变化的，应当及时予以说明。三是在我国中小投资者占比较多的资本市场中，为了使其能够更大程度地了解公司实际经营情况与可能的风险，上市公司应当使用简明易懂的语言对经营性信息进行披露，并对涉及的专业术语和知识进行必要的阐释。四是上市公司在披露行业经营信息时引用相关数据及资料时，应当保证引用内容充分、可靠、客观、权威，并注明出处。五是上市公司在定期报告或者临时报告中未按照行业披露指引的要求披露信息的，应当说明未能披露的原因，并予以特别提示。

关于信息披露的数量，上交所《上市公司行业信息披露指引第 1 号——一般规定》文件规定"上市公司可以每月或每季度披露反映行业特点的主要经营数据，各分行业披露指引要求上市公司应当定期披露主要经营数据的，从其规定"；"上市公司应当以临时报告形式，及时披露行业经营性事项的重大进展或变化"等。深交所也有相关规定，如《深圳证券交易所行业信息披露指引第 3 号——上市公司从事房地产业务（2017 年）》中指出"本所鼓励上市公司每月定期披露销售面积、销售金额、新增土地储备等反映房地产业务特征的主要经营数据"；《深圳证券交易所行业信息披露指引第 9 号——上市公司从事快递服务业务》也指出，"鼓励公司每月披露快递服务业务量、快递服务业务单票收入等其他日常经营数据等"。由此可见，沪深交易所出台的行业信息披露指引都强制或鼓励企业披露每

[①] 致同行业研究，https://www.grantthornton.cn/capital-market/973.html。

月或每季度的经营数据，企业信息披露频率有所增加。表 3-2 和表 3-3 统计了 2009~2020 年我国沪深交易所非金融非 ST 的全部 A 股上市公司的经营数据披露情况。表 3-2 和图 3-1 报告了披露经营数据报告的上市公司年度分布，可以看到在 2015 年之前，披露经营数据报告的上市公司极少，每年不足 10 家，从 2015 年开始，披露经营数据报告的上市公司数量逐年递增，印证了分行业信息披露监管范围逐步扩大，出台的行业指引囊括的行业越来越多。

表 3-2　披露经营数据报告年度分布　　　　　　　　单位：家

年份	2009	2010	2011	2012	2013	2014
披露	4	5	4	5	5	7
未披露	1590	1924	2145	2260	2304	2417
合计	1594	1929	2149	2265	2309	2424
年份	2015	2016	2017	2018	2019	2020
披露	79	179	348	362	418	432
未披露	2529	2707	2907	2976	3117	3553
合计	2608	2886	3255	3338	3535	3985

资料来源：根据经营数据公告整理而得。

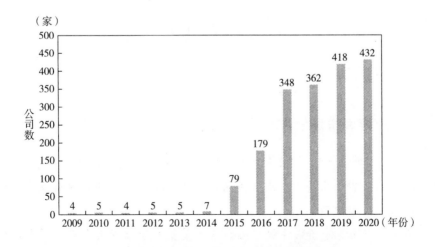

图 3-1　披露经营数据报告的公司年度趋势分布

表 3-3 报告了年度内披露经营数据报告次数的上市公司分布，可以看到约有 94.27% 的上市公司未披露经营数据报告，有 0.59% 的上市公司平均每年会披露 1 次经营数据报告，有 0.36% 的上市公司平均每年披露 2 次经营数据报告，有 2.21% 的上市公司平均每年披露 3 次经营数据报告，有 2.36% 的上市公司平均每年披露 4 次经营数据报告。整体来看，我国资本市场披露经营数据报告的上市公司不多，且披露次数也较少。

表 3-3 年度内披露经营数据次数分布

年度内披露数（次）	1	2	3	4	5	6
上市公司数（家）	192	115	714	763	5	3
占比（%）	0.59	0.36	2.21	2.36	0.02	0.01
年度内披露数（次）	7	8	9	10	11	12
上市公司数（家）	1	1	2	1	4	47
占比（%）	0.00	0.00	0.01	0.00	0.01	0.15

注：占比为 0 是由于保留两位小数导致。

二、主要概念界定

（一）资本市场定价效率

在经济学研究中，"效率"是指收益与投入的比率，这一比率越大，效率越高。在股票市场中，由于价格是其资源配置的基础，因此股票市场的核心就是其定价效率。

关于资本市场定价效率的早期研究主要集中于考察股价对公司内在价值信息的反映程度，Fama（1970）开创性地认为在有效市场假说下，投资者是完全理性的，且交易不受限制，信息获取成本为零，股价可以及时、准确地反映所有信息。而后，部分学者突破有效市场假说的思维框架，指出公司股价中既包含市场参与者均可获得的公共信息，也反映了某一企业的个性化信息。股价中反映这两种信息的相对程度决定了个股股价的运动特征。因此，股价运动特征可以揭示股价中所包含的信息特征。

股价同步性是某段时间内股价同时上涨或同时下跌的现象，是指单个公司股价变动与市场平均变动之间的关联性，一般将个股收益作为被解释变量，将市场收益或市场收益和行业收益作为解释变量构建回归模型，回归模型的拟合优度 R^2 就代表了股价同步性。R^2 越高，说明个股收益被市场与行业收益解释的部分越大，股价中捕捉到的公司"个性"信息越少。Roll（1988）认为股价同步性不但受公司个性化信息的影响，也会受市场噪音的影响，即较低的股价同步性一方面体现了公司的特质信息更充分地纳入股价中（Morck 等，2000），另一方面也可能体现为较多的市场噪音干扰（许年行等，2011）。前者为"信息效率学派"，股价同步性越低，意味着股价中反映的企业特质信息越多，资本市场定价效率越高。后者为"非理性学派"，认为股价中汇集了诸多宏观、行业和公司层面等诸多信息，既捕捉了企业基本面信息，也反映了与基本面无关的信息噪音。当股价的波动由噪音驱动时，较低的股价同步性可能是噪音交易者误将噪音当作信息进行交易导致的，由此可见，股价同步性低也可能揭示出资本市场定价效率低（Xu 等，2013；蔡栋梁等，2021；吴晓晖等，2020）。

本书主要从"信息效率"对股价同步性进行定义，认为当股价中包含了较多的系统信息和较少的企业信息时，股价同步性程度就高，价格引导资源配置的信号功能就较弱，资本市场定价效率越低。相反，当股价中包含了较少的系统信息和较多的企业特质信息时，股价同步性程度较低，资本市场定价效率较高。同时，在后续的实证研究中，检验了分行业信息披露监管引起股价同步性变化是由提高信息效率带来的，并排除了"噪音观"的可能性解释。

（二） 融资成本

融资成本主要包括债务融资成本和权益融资成本，是指企业为筹集和使用资金而承付的代价。

具体来说，债务融资成本是企业为了满足其生产经营需求而向银行等金融机构借款和向社会发行债券筹资所产生的费用。债务融资成本的高低可以反映企业债务融资的难易程度，融资成本越高，难度越大。从衡量方法来讲，对债务融资成本的衡量大体有两种，分别为绝对值指标和相对数指标，前者是将债务融资整个过程中产生的费用都囊括在内，后者则是通过产生费用与获取资金的比值来衡量，李广子和刘力（2009）、张伟华等（2018）则采用利息费用或净财务费用与负债的比率来衡量债务融资成本。相较而言，使用相对数指标更容易对不同债务规模的融资成本进行比较，因此本书在后续的实证章节也使用相对数指标对债务融资成本进行衡量。

权益融资成本是投资者对预期要承担的企业风险水平所要求的回报率，其本质是股权投资者对企业预期的未来现金流量进行贴现以确定当前股价的折现率（Solomon，1963），反映投资者对企业未来经营风险的预期和估计。关于权益融资成本的估计和度量，现有文献主要采用事前测度法和事后测度法。其中，事前测度法主要有戈登增长模型、剩余收益模型（GLS模型）和非正常盈余增长模型（PEG、MPEG、AGR和OJM）。事后测度法主要由CAPM模型、FFM模型和APT模型（毛新述等，2012）。学者们认为事后权益融资成本测度的假设通常难以满足，存在较大的测量误差，而事前权益融资成本测度方法中的PEG模型和MPEG模型更符合我国实践，能较为全面恰当地反映出各项风险因素的影响。所以在后续的实证章节也采用PEG模型和MPEG模型来衡量权益融资成本。

（三） 投资效率

到目前为止，学术界对投资效率未形成一个统一的标准。从投资目的而言，顺利实现投资决策目标并获得正向项目回报，从而实现公司价值最大化，应是衡量投资效率高低的重要标准。然而，由于市场摩擦、委托代理问题的存在，有时投资项目即使获得了正向回报，也会因投资资金被过度使用或未充分有效利用而导致效率低下。因此，借鉴 Richardson（2006）的观点，本书将投资效率定义为企业实际投资偏离最优投资的程度。该指标越小，实际投资越接近最优投资水平，投资效率越高。若企业实际投资高于最优投资水平，则意味着过度投资；相反，则投资不足。企业的过度投资或投资不足都称为非效率投资。

三、理论基础

（一）有效市场假说

有效市场假说实际上是金融市场中的理性预期理论，由 Fama（1970）提出，其主要内容是如果在一个证券市场中，价格完全反映了所有可得信息，那么就称这样的市场为有效市场。有效市场假说实际上揭示的是信息在多大程度上反映到证券价格中，如果所有可得信息全部被反映在证券价格中，则市场有效。有效市场假说的另一种表述为，在有效市场中，所有未利用的盈利机会都会被消除，这个实现机制就是套利。换言之，套利就是市场参与者消除未利用的盈利机会的过程，它可以使信息反映在证券价格中。众多市场参与者的套利行为，有助于促使证券价格向满足有效市场的方向运动。

根据有效市场假说，定价效率是股票市场效率体系的基石。有效市场假说假定市场上所有的参与者都是理性人，市场的信息同一时间被所有的理性人所掌握。但这种假设是不现实的，它完全忽略了市场机制在定价和价格波动中的作用。事实上，公司信息披露对股票价格的影响会影响资本市场的定价效率。公司行业经营性信息可以综合反映企业真实的经营状况、面临的风险等，这些公司状况必将被市场价格所反映。即公司股价变动实际上是各种信息综合作用的结果。而分行业信息披露监管以投资者的信息需求为导向，引导和鼓励企业披露揭示公司真实经营、治理和潜在风险的个性化信息，为投资者提供更多关于企业特质的经营信息，这可以降低投资者的信息搜寻和处理成本，使市场了解企业，这对于提升企业价值、提高资本市场定价效率具有双重效应。因此，有效市场假说为研究分行业信息披露监管对股价同步性的影响提供了重要的理论依据。

（二）信息不对称理论

信息不对称理论由 Arrow（1963）首次提出，Akerlof、Spence 和 Stigliz 进行了拓展。信息不对称理论指出，市场交易的各方所拥有的信息不对等，供需双方所掌握的商品或服务的价格、质量等信息不同。这会导致一方比另一方占有较多的相关信息，处于信息优势地位；另一方则处于信息劣势地位，从而可能形成逆向选择，甚至最终使高质量产品或服务被低质量产品或服务驱逐出市场，形成劣币驱逐良币的次品市场。在现代企业制度中，当契约签订前，经理人可能掌握着不为所有者知晓的私有信息，经理人可能会根据私有信息向所有者提出有利于自身的代理条件，就会产生所谓的逆向选择。

根据信息不对称理论，上市公司管理层比投资者拥有更多的企业内部信息，他们知晓企业许多重要的经营决策的制定和进展，如最新的销售收入和成本趋势、药物开发或软件开发的最新进展、客户变动率、新的签单数量、新兴市场渗透率等，处于信息优势地位。理性经济人指出处于信息优势地位的管理层为避免自身利益受损会刻意地向信息劣势方隐瞒信息。因此，管理层可以选择性地披露公司信息，以满足其盈余操控和控制股价的目的。而投资者和债权人只能从市场上获得一些公开信息，无法像管理层一样掌握企业内部的私有信息，处于信息劣势地位。管理层和投资者/

债权人之间的信息不对称会导致逆向选择。具体而言，投资者的投资决策依赖于企业披露的信息，管理层传递给市场的信息都是投资者进行判断决策的重要依据。如果发行股票的上市公司是优良企业，他们会觉得自己的股票被低估，因而不愿意按照投资者的要价卖出股票。而愿意向投资者出售股票的只有不良公司，因为其发行价格高于股价本身。所以，理性投资者会尽量减少持有或不持有不良公司的股票，这样的均衡结果可能是：很少有企业可以通过发行股票来筹资，股票市场的资本配置功能得不到有效发挥。同理，在信贷市场中也是如此。企业作为融资群体，风险不一，风险低的企业想以较低的利率获得借款，风险高的企业可以承担较高的利率来获得借款。而如果处于信息劣势的债权人为了维护自身利益，统一实行较高的利率，那么风险低的企业会因此而退出市场，最终借款的都是风险较高的企业，导致银行信贷资源也不能有效配置。而分行业信息披露监管要求企业披露更多的行业经营性信息，可以有效降低上市公司与投资者之间的信息不对称，一方面利于信息充分及时地反映到股价中，另一方面也便于投资者或债权人判断优劣企业，从而做出科学合理的投资决策和信贷决策，资本市场和信贷市场的资本配置效率得到提升。因此，信息不对称理论对分行业信息披露监管对股价同步性的影响和经济后果研究具有显著的支撑作用。

（三）委托代理理论

现代企业制度是建立在股票所有者与经理人之间的相对分离的基础上的。在现代企业组织理论中，代理问题很早就被经济学家们提及。贝利和米因斯在1932年就指出，企业的股票持有者与经理人的角色是很不同的。后者为具有专业知识的经理人，其有精力、有能力经营企业并做出决策，前者则是当契约签订并生效后，享受最终的控制权。在财务会计领域，Jensen 和 Meckling（1976）提出了代理理论，其核心观点是对企业所有者与经营者之间的契约关系进行讨论。企业主为企业提供丰富的资源。然而，由于缺乏相关的专业经验和技能来合理充分地利用这些资源，企业主从经理人市场聘请职业经理来合理分配这些资源，并与之签订合同。这种契约关系涉及资源所有者和资源使用者，即股东与管理者之间的权利和责任安排。

根据委托代理理论，当契约签订并生效后，由于所有者追求自己财富的最大化，而理性的经理人追求自己的工资津贴、奢侈消费和闲暇时间的最大化，经理人的这种自利行为可能会偏离公司利润最大化目标，经理人与所有者之间的信息不对称使所有者不能完全观察经理人的行为，就会产生所谓的道德风险。在这种委托—代理关系下，在所有者与经理人利益不一致的情形下，管理层具有一定的信息优势，其会将企业生产经营过程中生成的信息进行浓缩对外呈报（Littleton，1953）。而分行业信息披露监管要求企业披露更多的行业经营性信息，这种行业经营性信息很难被代理人操纵，会计信息会被这种信息进行验证，从而缩小经理人利用会计酌量权进行盈余操纵的空间。而企业利润最大化和市场价值常被股东用来评价管理者才能，企业经营信息可以较好地反映其未来发展能力。在委托—代理理论下，分行业信息披露监管会使管理层有极大的才能示意动机去证明自身的能力，从而自愿披露更多的企业经营信息来建立自身声誉并提升个人形象。此外，分行业信息披露监管降低了股价同步性，提升了股价向投资者提供公司信息的含量，从而增强投资者对公司管理层的监督，有效治理公司投资过度，最终提升了投资效率。因此，委托代理理论能够为本书后续章节分行业信息披露监管对信息披露行为的影响论证和分行业信息披露监管对股价同步性经济后果的研究提供相应的理论依据。

（四）信号传递理论

信号传递理论建立在信息不对称问题的基础上，Spence（1973）首次提出了信号传递模型，强调信息的有效传递是缓解信息不对称的重要手段。简单来说，信号传递理论是指为了避免信息劣势方的逆向选择问题，具有信息优势的一方利用各种途径传递信号，以告诉不具备信息优势的一方其产品或服务的真实质量或水平。

根据信号传递理论，具有信息优势的企业将积极或消极的信息传递给不具有信息优势的投资者，有助于投资者对企业的优劣进行辨别。事实上，在资本市场上，高管当然比投资者知道得多，我们在世界上无法找到企业所披露信息的完美替代品，因为这些信息是管理层提供的，而他们相比外部投资者拥有更多的关于企业实际运作的私有信息。外部投资者依据管理层传递的信息评估企业的真实价值，做出是否投资的决策。分行业信息披露监管引导和鼓励企业披露更多与经营相关的信息，突出对企业的经营模式、特点及关键性指标的呈现，并比较与同行企业出现差异的原因。分行业信息披露监管为评判管理层才能和努力提供了一种自愿披露信息的动机，而自愿性信息披露是个性化信息的重要来源，是企业特质信息的重要来源，具有信号传递作用，是企业传递私有信息、影响公司股价的重要方式。在分行业信息披露监管下，企业自愿披露更多的经营数据可以传递一种对企业经营业绩比较自信的信号，有助于股东和投资者快速获知企业价值定位的相关信息。因此，后面的章节中，信号传递理论可以作为论证分行业信息披露监管对降低股价同步性的影响机理时的一个理论依据。

（五）印象管理理论

印象管理源自社会心理学，最早由 Goffman（1959）提出。印象管理又称印象整饰，是指有意地控制他人对自己形成各种印象的过程，在认知者获得知觉并形成印象时，被认知者并不是消极被动的，他完全可能也确实能够通过对自己的装束、语言、表情及动作的选择来影响或改变认知者对他的印象，以期符合个体的期待。印象管理是信息输出，是对他人印象形成施加影响。1980 年后，随着对印象管理研究的深入，学者们将其应用扩展到了不同学科。将印象管理理论扩展至企业个体，企业的印象管理则是管理层有意或无意地试图操纵和控制企业信息使用者的印象的行为（孙蔓莉，2004）。在会计领域，上市公司作为独立个体，会通过信息披露行为有意地控制市场参与者对自身形成良好印象，以提升自身声誉或操纵公司股价等。具体而言，上市公司会尽可能地隐藏或模糊化其可能的坏消息，避免给市场参与者留下不好的印象。相反，上市公司会主动地去披露好消息或彰显自身经营业绩，以赢得市场参与者的认同和积极评价。

对企业而言，除财务信息外，企业经营战略、关键绩效指标、风险等行业经营性信息也能够传达诸多财务信息无法体现的信息，对投资者发挥着举足轻重的作用。而管理层为了规避责任或保护自身，会有意地不披露一些不好或对自身不利的信息，或将企业业绩归因于外部环境因素。因而，分行业信息披露监管强制要求企业披露一些行业经营性信息，可以在一定程度上对企业的这种信息披露行为起到抑制作用。然而，企业也可能在这种监管下，避重就轻地披露一些宏观信息或行业信息，而不披露企业的真实经营信息，从而影响资本市场定价效率。所以，后面章节在论证分行业信息披露监管的效应时，印象管理理论可以作为一个理论基础。

（六）组织模仿理论

自从 John Meyer 提出新制度主义理论以来，组织间的相似性越来越受到学术界的关注。然而，真正在组织同构理论上实现飞跃的是 DiMaggio 和 Powell（1983），他们提出组织间的模仿行为起源于组织所处的制度化环境。新制度理论指出，企业倾向于模仿其他企业来获得组织合法性和社会认可，以降低不确定性带来的风险。组织间模仿不仅包括对产品、管理方式的模仿，还包括对投资决策、信息披露等的模仿。当企业面临越来越大的同业竞争压力时，市场力量会进一步促进企业间的学习和模仿。即组织模仿是组织面临外部不确定时做出的一种反应。当环境面临不确定性或目标模糊不清时，企业会以其他组织作为自身行为的参照来模仿行业内领先企业的行为（Carroll 和 Hannan，1995）。由于同行业的企业所需的资源、市场及产品和服务高度相似，所以同行组织会被促使采取相同或相似的社会活动。陈仕华和卢昌崇（2013）发现，当企业处于同一行业时，更有利于模仿的出现。

因此，分行业信息披露监管要求企业结合自身经营特点，全面覆盖行业宏观影响、客户市场发展等维度，充分披露行业经营性信息。这使企业在监管压力下去模仿同行其他企业的信息披露行为。例如，航空运输业着重披露政治、经济、油价、汇率等多重外部因素变化的具体影响，化工、环保服务业企业着重强调宏观政策、行业规范等对企业的影响，食品制造业需要披露对所处行业有重要影响的政策，如宏观经济政策形势、产业规范、行业政策、国家及地方税收政策、进出口政策、食品安全政策、环保政策等，这些同质性较强的行业公共信息累积发布到资本市场中，会形成行业公共信息的聚集，从而提升了股价同步性。所以后面章节在论证分行业信息披露监管影响股价同步性时，组织模仿理论可以作为一个理论基础。

（七）管理层学习理论

管理层"学习"概念可以追溯到 Hayek（1945）。他认为股价包含了对企业管理层有用的信息，而外部投资者利用自己的私人信息进行股票交易，所以股价中融入了这些所有外部私人信息。基于该理论，在一个有效市场中，股价中包含了一些经理人所未能掌握的信息，管理层可以从股价中"学习"这类信息，从而提高其识别具有正净现值项目的能力。换言之，知情的股价向管理层传达了有关其投资决策的信号，还向市场传达了在管理决策不佳时需要进行干预的信号。在股价提供更多信息的情况下，企业资本投资应更有效率（Durnev 等，2004；Luo，2005；Bond 等，2012）。

分行业信息披露监管强制要求企业披露一些行业经营性信息，有助于降低股价同步性，提升股价中的公司特质信息含量。而外部投资者可以对管理层发布的有关公司经营信息进行挖掘、处理、分析和比较等，将有关竞争对手和同行相关信息分享于管理层，助力管理层的股价学习行为，为管理层科学合理地投资决策提供建议。所以后面章节在论证分行业信息披露监管影响股价同步性的经济后果时，管理层学习理论可以作为一个理论基础。

第四章

分行业信息披露监管对股价
同步性的影响

　　本章主要结合有效市场假说、信息不对称理论、委托代理理论等，从信息披露质量和信息披露数量两个维度理论分析了分行业信息披露监管对股价同步性的影响并提出研究假说，然后构建了控制公司固定效应和年度固定效应的双重差分模型，并利用中国 A 股市场 2009～2020 年上市公司数据，实证检验了分行业信息披露监管对股价同步性的影响，并进行稳健性、内生性检验，排除替代性解释。最后，从分析师关注、投资者关注和媒体关注的视角，考查外部信息环境在分行业信息披露监管对股价同步性影响中的调节效应。本章的研究结论有助于证实分行业信息披露监管政策对资本市场定价效率影响的有效性。本章的逻辑关系如图 4-1 所示。

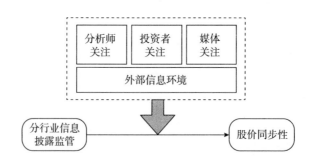

图 4-1　第四章逻辑关系

一、理论分析与研究假说

Roll（1988）基于信息经济学理论将股票价格反映的信息来源分为系统信息和公司层面信息。当公司个体股价更多地由市场层面信息解释时，公司个体股价与市场波动的同涨同跌现象比较严重，即股价同步性较高。相反，当公司个体股价更多地由企业特质信息解释时，股价同步性较低。过高的股价同步性既可能干扰投资者对企业经营管理的判断，损害公司治理的效率（Defond 等，2004），也会限制资本的流入，从而无法有效配置资本（Wurgler，2000；Durnev 等，2004）。简而言之，根据有效市场假说，在有效资本市场中，股票价格能够反映企业历史信息、公开信息甚至是内幕信息。股价反映这些信息越充分、越及时，资本市场的定价效率就越高。相反，过高的股价同步性不仅降低了股票的定价效率，而且干扰了企业的投融资决策，损害了广大中小投资者的切身利益。因此，当资本市场的各项披露制度得到完善时，股价同步性将会显著降低（游家兴等，2007）。那么，基于"信息效率观"，分行业信息披露监管作为资本市场上的一项监管转型制度，可以通过提高公司信息披露的质量和数量来降低股价同步性。

一方面，分行业信息披露监管提高了企业信息披露质量，从而降低股价同步性，提高资本市场定价效率。在众多的投资标的中，投资者评估企业价值的一个重要依据是市场上的公开信息，信息披露的质量在一定程度上可以影响市场对企业价值的认知。而高质量的信息不仅有助于降低投资者信息的获取成本和处理成本，还有助于与企业价值相关的信息更好地融入股价，从而提高股价中企业特质信息的含量；另外，高质量的企业信息有助于降低未来的不确定性，降低噪音对股价的干扰，提高企业价值相关信息的融入性,从而降低股价同步性。现有研究也认为信息披露质量的提高有利于削弱管理层隐藏企业特质信息的能力(Chan 等,2006),使企业特质信息更好地融入到股价中,从而降低企业股价同步性(Hutton 等,2009;Durnev 等,2004)。

分行业信息披露监管可以提高公司信息披露质量,从而降低股价同步性。具体而言,分行业信息披露监管从年报、临时报告及自愿披露三个方面制定了信息披露工作规范:一是年报应当针对企业自身所处行业的宏观、市场环境、商业模式及经营情况等进行讨论和分析;二是对于涉及行业特点的重大事项或有重大影响的事项,应当以临时报告的形式及时履行信息披露义务;三是鼓励上市公司披露行业经营性信息的统计指标和关键经营业绩指标,以及对企业价值判断有重大影响但未作强制要求的息税前利润、自由现金流等关键指标。这些信息的披露可以消除、缓解管理层意欲误导投资者所进行的盈余管理。

此外,分行业信息披露监管鼓励企业披露更多的行业经营性信息,加剧了企业的市场竞争。根据委托代理理论,管理层参与企业经营的全过程,比投资者拥有更多的企业内部信息,他们知晓企业许多重要的经营决策的制定和进展,如最新的销售收入和成本趋势、药物开发或软件开发的最新进展、客户变动率、新的签单数量、新兴市场渗透率等,存在利用内部信息优势误导资本市场的可能。而企业只有拥有超越对手的竞争优势,才能确保企业利益相关者的利益和投资者获得合适的投资回报。因此,为了获得持续竞争优势,管理层会有提高信息披露质量的动力,从而降低投资者的投资不确定性(任宏达和王琨,2019)。因此,上市公司应监管要求披露的经营性信息越多,其盈余管理难度越大、空间越小,信息披露质量越高,股价同步性越低,资本市场定价效率越高。

另一方面,分行业信息披露监管有助于增加上市公司信息披露数量,促使企业增加特质性信息的披露,从而降低股价同步性,提升资本市场定价效率。根据 Roll(1988)和 Morck 等(1999)的研究,资本市场的信息分为系统信息和企业层面的信息。前者是指在资本市场上对企业产生普遍影响的事件，如宏观经济的变化、法律或政策的颁布等，它会造成资本市场上所有企业的股价同质波动；后者是与企业基本价值密切相关的一系列特殊事件，包括增发、配股、并购、融资等，也就是所谓的公司特质信息，它会引发企业股价的异质性波动（Piotroski 和 Roulstone，2004）。中国资本市场是植根于中国转型经济的新兴市场，公司股价的系统性风险较大。此外，投资者保护程度较低、执法不力、政府干预较多都增加了投资者收集公司信息的成本，阻碍了股价对企业特质信息的吸收，使其更加关注国家和行业层面的信息（黄俊和郭照蕊，2014），股价同步性较高。在某种程度上，外部监管机制会加强企业特质信息的披露（Kim 等，2014），从而降低股价同步性水平。

分行业信息披露监管作为一种外部监管机制，将上市公司的信息披露要求区分为应当披露和鼓励披露两个层次。换言之，除强制要求上市公司披露一些常规性信息外，分行业信息披露监管还需要披露说明特定行业、特定上市公司投资价值的行业经营性信息，强化行业政策影响、客户市场发展、企业战略规划等内容的信息披露，加强经营风险披露。此外，分行业信息披露监管也采取适当的引导，鼓励上市公司对一些个性化的经营指标进行自愿性的信息披露。相较而言，鉴于强制性披露大多受到具体监管规则的限制，上市公司管理层难以自主选择披露的数量。但是，上市公司自愿披露的信息更能彰显公司披露特质信息的意愿（闫化海，2004）。例如，《上市公司行业信息披露指引第 5 号》强制要求零售企业披露店铺数目、员工人数、店铺每平米销售额度、店铺每平方米租金等关键指标，《上市公司行业信息披露指引第 7 号》中则鼓励上市公司按照药品分类进一步多维度地披露医药行业企业的经营信息。这些行业经营性信息是投资者了解经营状况、判断公司价值的最重要信息，其信息含量越高，降低股价同步性的作用就越好（何贤杰等，2018）。因此，分行业信息披露监管有利于督促企业披露揭示真实的经营、治理情况和潜在风险的个性化信息，从而为投资者提供更多公司特质信息。即分行业信息披露监管有助于提升上市公司经营信息披露数量，从而降低了股价同步性水平，提升了资本市场定价效率。因此，提出如下研究假说：

H4-1a：当其他条件不变时，分行业信息披露监管降低了股价同步性，提升了资本市场定价效率。

然而，分行业信息披露监管也可能加剧管理层的信息操纵行为和同行企业信息披露的模仿行为，从而加速行业公共信息的传递和互动，提升股价同步性，降低资本市场定价效率。具体而言：

第一，分行业信息披露监管加剧了管理层的信息操纵行为，使企业避重就轻披露更多的行业信息，从而提高股价同步性。资本市场定价效率取决于在三个层面上公布信息的数量和质量。宏观与行业信息会导致资本市场上所有公司的股价出现同质性变化，而个体公司特有信息的发布才会导致公司股价出现异质性变化（Piotroski 和 Roulstone，2004；Campbell 等，2001）。根据印象管理理论，人们一般会努力展示自己的优势和魅力，以赢得别人的认可和好感，或者尽量减少自己的弱点和缺陷，以避免给别人留下不好的印象（Leary 和 Kowalski，1990）。上市公司作为独立个体，会通过信息披露行为有意地控制市场参与者对自身形成良好印象，以提升自身声誉或操纵公司股价等。具体而言，上市公司会尽可能地隐藏或模糊化其可能的坏消息，避免给市场参与者留下不好的印象。相反，上市公司会主动地去披露好消息或彰显自身经营业绩，以赢得市场参与者的认同和积极评价。企业经营战略、关键绩效指标、风险等行业经营性信息能够传达诸多财务信息无法体现的信息，对投资者发挥着举足轻重的作用。而管理层为了规避责任或保护自身，会有意或无意地试图不披露一些不好或对自身不利的信息，或将公司业绩归因于外部环境因素（孙蔓莉，2004）。例如，中煤能源（601898）在 2019 年 12 月的经营数据公告中解释"因受到诸多因素的影响，包括（但不限于）国家宏观政策调整、国内外市场环境变化、恶劣天气及灾害……所公告生产经营数据在月度之间可能存在较大差异"。因而，分行业信息披露监管强制要求企业披露一些行业经营性信息，企业迫于这种监管压力和自身印象管理，可能避重就轻地披露一些宏观信息或行业信息，而不披露企业的真实经营信息，从而降低股价中的公司特质信息含量，提高股价同步性。

第二，分行业信息披露监管加剧了同行企业的信息披露模仿行为，加速了行业公共信息的传递和交互作用，从而提高股价同步性，降低了资本市场定价效率。同行企业具有相同的宏观环境因素、发展机会和类似的会计实务操作等（Hilary 和 Shen，2013）。通常来说，投资者根据行业归类对不同企业的经营状况、信息披露、财务指标等进行比较分析，更便于其做出正确的投资决策。自然而然，同一行业的企业由于其经营范围的同一性与相近性，组成了一个简单而明显的社会网络。但是，组织模仿理论指出人类的行为模式在某种程度上具有传染性，且会通过社会网络进行传播，处于同一个社会网络中的理性人会通过观察、交流等方式来选择其他人身上可取的行为方式作为自己的行为标准（Bikhchandani 等，1992）。在实行分行业信息披露监管后，由于同行业的企业所需的资源、市场及产品和服务高度相似，所以同行组织会被促使采取相同或相似的社会活动，包括信息披露行为。随着这些相似企业或同行公司披露的信息经传递和交互作用，形成行业公共信息，从而导致股价同步性提升。分行业信息披露监管要求企业结合自身经营特点，全面覆盖行业宏观影响、客户市场发展等维度，充分披露行业经营性信息。然而，诸如航空运输业企业着重披露政治、经济、油价、汇率等多重外部因素变化的具体影响，化工、环保服务业企业着重强调宏观政策、行业规范等对企业的影响，食品制造业需要披露对所处行业有重要影响的政策，如宏观经济政策形势、产业规范、行业政策、国家及地方税收政策、进出口政策、食品安全政策、环保政策等，这些行业宏观信息累积发布到资本市场中，会形成行业公共信息的聚集，从而提升了股价同步性，降低了资本市场定价效率。因此，提出如下研究假说：

H4-1b：当其他条件不变时，分行业信息披露监管提高了股价同步性，降低了资本市场定价效率。

二、研究设计

（一）变量界定

1. 股价同步性

借鉴 Morck 等（1999）的研究，运用式（4-1）估计拟合优度 R^2，运用式（4-2）对 R^2 进行对数化处理，最终得到股价同步性指标 SYN。

$$R_{i,w,t} = \beta_0 + \beta_1 R_{M,w,t} + \varepsilon_{i,w,t} \qquad (4-1)$$

式中，$R_{i,w,t}$ 为股票 i 第 t 年第 w 周考虑现金红利再投资的收益率；$R_{M,w,t}$ 为 A 股所有股票第 t 年第 w 周经流通市值加权的平均收益率。使用周度数据是为了减少部分股票交易不活跃、交易量小的问题。由式（4-1）得到每家公司每年的 R^2。为保证变量的正态性，对 R^2 进行对数化处理：

$$SYN_{i,t} = \ln\left[\frac{R_{i,t}^2}{1 - R_{i,t}^2}\right] \qquad (4-2)$$

式中，$SYN_{i,t}$ 为股票 i 第 t 年度的股价同步性指标，$SYN_{i,t}$ 越小，股价同步性越低。根据"信息效率观"，股价同步性越低，股价中反映公司"个性"信息的程度越高，资本市场定价效率越高。

2. 分行业信息披露监管

分行业信息披露监管政策执行行业（TREAT）：公司 i 所属行业是否需要遵循分行业信息披露指引，若遵循则取 1，否则取 0。

分行业信息披露监管政策执行时间（POST）：分行业信息披露指引实施时间前后，实施之前取值为 0，实施之后取值为 1。

3. 控制变量

参照当前股价同步性的相关研究，借鉴王立章等（2016）、陈冬华和姚振晔（2018）等的研究，本章控制变量（CONTROLS）选择如表4-1所示，并控制年份（YEAR）与公司个体（FIRM）固定效应。

表4-1 变量定义表

变量类型	变量	符号	变量说明
因变量	股价同步性	SYN	计算方法如式（4-1）和式（4-2）所示
自变量	是否受分行业信息披露监管政策影响	TREAT	样本公司i受分行业信息披露监管政策影响，取值为1，否则取值为0
	分行业信息披露监管政策实施时间	POST	分行业信息披露监管政策实施之前取值为0，否则取值为1
控制变量	账面市值比	BM	每股净资产/每股股价
	换手率	TURN	股票年交易总量/流通股股数
	公司规模	SIZE	资产总额的自然对数
	资产负债率	LEV	负债总额/资产总额
	业绩波动	STD	最近三个会计年度总资产收益率的标准差
	营业收入增长率	GROWTH	（本期营业收入-上期营业收入）/上期营业收入
	成立年限	AGE	公司成立年限
	审计师规模	BIG4	当年采用四大审计师事务所取值为1
	股权集中度	TOP1	第一大股东持股比例
	两职兼任情况	DUAL	董事长和总经理兼任时取值为1，否则为0
	董事会规模	BSIZE	董事会人数的自然对数
	国有性质	SOE	实际控制人为政府及国有企业取1，否则取值为0
	公司违规	VIOLATE	公司违法违规取值为1，否则为0
	问询函	INQUIRY	样本公司当年收到问询函取值为1，否则取值为0

（二）模型设定

为了解决可能存在的政策自选择问题，首先采用 PSM 方法为受行业信息披露指引影响的企业逐年匹配对照公司，旨在使两组样本满足共同趋势假设。另外，考虑到不同行业信息披露指引出台的时间不同，分别构建如下多期双重差分模型，对分行业信息披露监管后的企业股价同步性进行估计。基准模型如下：

$$\text{SYN}_{i,t} = \alpha_0 + \alpha_1 \text{TREAT}_{i,t} \times \text{POST}_{i,t} + \alpha_2 \text{CONTROLS} + \sum \text{YEAR}_t + \sum \text{FIRM}_i + \varepsilon_{i,t}$$

$$(4-3)$$

式中，SYN 为股价同步性，TREAT 为样本企业是否实施了分行业信息披露指引的哑变量，POST 为分行业信息披露指引实施的时间哑变量，CONTROLS 为控制变量。此外，模型中还控制了公司固定效应和年份固定效应。正如 H4-1a 所述，如果分行业信息披露监管降低了股价同步性，提升了资本市场定价效率，则 TREAT×POST 的系数 α_1 应该显著为负。如果 α_1 显著为正，根据 H4-1b，则表明分行业信息披露监管提高了股价同步性，降低了资本市场定价效率。

（三）样本选择与数据来源

本章以 2009~2020 年沪深 A 股上市公司为研究对象，上市公司数据主要来源于国泰安（CSMAR）数据库。对于分行业信息披露数据，首先对证券交易所网站发布的行业信息披露指引文件进行了整理，其次根据文件的具体内容对相关行业以及生效日期进行了界定，根据上市公司的行业和主要经营领域信息对处理组和控制组进行了区分。其他筛选规则包括：①剔除金融业、保险业和 ST、PT 公司的样本；②剔除分行业信息公布指南发布后的上市公司样本；③剔除每年交易日少于 150 天的样本；④剔除变量数据缺失的样本，最终共得到 28401 个观测值。为消除极端值的影响，对连续变量进行 1% 和 99% 的双边缩尾处理。

三、实证结果与分析

（一）描述性统计分析

表 4-2 是对样本企业主要变量的描述性统计。股价同步性（SYN）的均值为-1.070，中位数为-0.876，标准差为 1.300，说明样本企业的股价同步性相差较大，这与王木之和李丹（2019）研究中对股价同步性的描述性统计接近。TREAT 的均值为 0.312，说明有 31.2% 的样本企业实施了行业信息披露指引。POST 均值为 0.133，说明有 13.3% 的样本企业为按照行业信息披露指引报告之后的样本年度，这些与赵玲和黄昊（2021）的研究接近。SOE 的均值为 0.395，表明有 39.5% 的样本企业属于国有企业。其他变量的分布与既有文献保持一致，均在合理范围内。

表 4-2　变量描述性统计

变量	样本量	均值	中位数	标准差	最小值	最大值
SYN	28401	-1.070	-0.876	1.300	-25.20	2.560
TREAT	28401	0.312	0	0.463	0	1
POST	28401	0.133	0	0.340	0	1
BM	28401	0.544	0.512	0.266	0.087	1.170
TURN	28401	6.330	4.780	5.140	0.500	27.10
SIZE	28401	22.20	22	1.310	19.70	26.20
LEV	28401	0.435	0.428	0.211	0.050	0.931
STD	28401	0.033	0.018	0.044	0.000	0.272
GROWTH	28401	0.176	0.105	0.446	-0.578	2.920
AGE	28401	17.20	17	5.710	4	31

续表

变量	样本量	均值	中位数	标准差	最小值	最大值
BIG4	28401	0.060	0	0.237	0	1
TOP1	28401	0.347	0.328	0.150	0.086	0.750
DUAL	28401	0.259	0	0.438	0	1
BSIZE	28401	2.140	2.200	0.200	1.610	2.710
SOE	28401	0.395	0	0.489	0	1
VIOLATE	28401	0.236	0	0.425	0	1
INQUIRY	28401	0.083	0	0.276	0	1

（二）倾向得分匹配

对变量 TREAT 进行配对，将受分行业信息披露监管政策影响的样本作为处理组，将未受分行业信息披露监管政策影响的样本作为对照组。选取交易所（EXCHANGE）、成立年限（AGE）、公司规模（SIZE）、是否交叉上市（CROSS）、营业收入增长率（GROWTH）、资产负债率（LEV）作为协变量，按照 1∶1 的比例逐年进行近邻有放回匹配，匹配后得到 12160 家公司年度观测值。从表 4-3 平衡性检验结果可以看出，匹配后处理组与对照组之间的偏差显著降低、均值不存在显著差异，说明 PSM 匹配效果较好。

表 4-3　平衡性检验

协变量	未匹配 U/匹配 M	均值		偏差（%）	T 检验	
		处理组	对照组		t	p>|t|
EXCHANGE	U	0.5291	0.2984	48.2	10.90	0.000
	M	0.5267	0.5387	-2.5	-0.47	0.642
AGE	U	15.402	16.578	-23.3	-5.17	0.000
	M	15.423	15.719	-5.9	-1.16	0.245
SIZE	U	22.309	21.997	23.7	5.34	0.000
	M	22.285	22.329	-3.4	-0.65	0.519

续表

协变量	未匹配 U/ 匹配 M	均值		偏差 （%）	T 检验	
		处理组	对照组		t	p>|t|
CROSS	U	0.0595	0.0705	-4.5	-0.98	0.327
	M	0.0600	0.0520	3.2	0.67	0.501
GROWTH	U	0.1276	0.1901	-9.3	-1.95	0.052
	M	0.1278	0.1381	-1.5	-0.41	0.681
LEV	U	0.4618	0.4279	14.2	3.23	0.001
	M	0.4605	0.4745	-5.9	-1.15	0.252

倾向得分匹配后最终样本的变量描述性统计结果如表4-4所示。

表4-4　倾向得分匹配后最终样本的变量描述性统计结果

变量	样本量	均值	中位数	标准差	最小值	最大值
SYN	12160	-1.070	-0.864	1.330	-25.20	2.560
TREAT	12160	0.512	1	0.500	0	1
POST	12160	0.450	0	0.498	0	1
BM	12160	0.562	0.531	0.267	0.0959	1.180
TURN	12160	5.940	4.490	4.790	0.470	25.40
SIZE	12160	22.30	22.10	1.310	19.90	26.20
LEV	12160	0.440	0.434	0.209	0.0503	0.907
STD	12160	0.0307	0.0174	0.0401	2.22e-05	0.241
GROWTH	12160	0.165	0.102	0.407	-0.544	2.600
AGE	12160	16.70	17	5.680	4	31
BIG4	12160	0.0614	0	0.240	0	1
TOP1	12160	0.353	0.334	0.150	0.0845	0.748
DUAL	12160	0.249	0	0.432	0	1
BSIZE	12160	2.140	2.200	0.198	1.610	2.710
SOE	12160	0.402	0	0.490	0	1
VIOLATE	12160	0.231	0	0.421	0	1
INQUIRY	12160	0.0800	0	0.271	0	1

（三）分行业信息披露监管对股价同步性的影响检验

利用倾向得分匹配后的样本对模型（4-3）进行回归。表4-5报告了分行业信息披露监管对股价同步性影响的实证结果。其中，表中第（1）列固定年份效应和公司效应后的回归结果显示，TREAT×POST的回归系数在1%水平下显著为负，说明分行业信息披露监管可以显著降低股价同步性。第（2）列、第（3）列逐步增加公司特质等其他控制变量后的回归结果显示，TREAT×POST的回归系数依然均在1%水平下显著为负，说明分行业信息披露监管显著降低了股价同步性的作用是较为稳健的，验证了H4-1a。

表4-5　分行业信息披露监管对股价同步性的影响检验结果

变量	（1）	（2）	（3）
	SYN	SYN	SYN
TREAT×POST	-0.1206*** (-3.930)	-0.1177*** (-3.892)	-0.1201*** (-3.970)
BM		0.2819*** (15.104)	0.2824*** (15.133)
TURN		-0.0175 (-1.402)	-0.0158 (-1.264)
SIZE		0.0603** (2.083)	0.0582** (2.008)
LEV		-0.0634*** (-4.263)	-0.0622*** (-4.183)
STD		0.0131 (1.256)	0.0166 (1.586)
GROWTH		-0.0171* (-1.686)	-0.0163 (-1.612)
AGE		-2.0608*** (-9.820)	-2.0666*** (-9.848)
BIG4		0.0144 (0.739)	0.0134 (0.691)

续表

变量	（1）	（2）	（3）
	SYN	SYN	SYN
TOP1		−0.0166 （−0.781）	−0.0187 （−0.879）
DUAL		−0.0047 （−0.358）	−0.0049 （−0.372）
BSIZE		0.0388** （2.449）	0.0386** （2.436）
SOE		−0.1011*** （−2.943）	−0.1008*** （−2.936）
VIOLATE			−0.0058 （−0.603）
INQUIRY			−0.0275*** （−2.881）
CONS	−0.1981*** （−6.387）	1.3715*** （8.655）	1.3903*** （8.769）
YEAR/FIRM	YES	YES	YES
N	12160	12160	12160
Within R^2	0.2650	0.2895	0.2902

注：***、**、*分别表示在1%、5%、10%水平下显著，括号内为 t 值；所有变量均进行了标准化处理。下文表格均保持一致，不再注明。

四、稳健性和内生性检验

（一）稳健性检验

1. 关键变量替换检验

模型（4-1）未考虑行业因素，而各个行业受到的外生因素冲击可能会不一致，因此，借鉴 Xu 等（2013）和王立章等（2016）的做法，在模型（4-1）的基础上，加入行业因素，得到模型（4-4）；并且考虑可能存在的自相关性，以及市场和行业对信息的吸收可能存在滞后性，借鉴 Xu等（2013）的研究，加入滞后一期的行业收益率和市场收益率重新计算 SYN，如模型（4-5）所示。

$$R_{i,w,t} = \beta_0 + \beta_1 R_{M,w,t} + \beta_2 R_{I,w,t} + \varepsilon_{i,w,t} \qquad (4-4)$$

式中，$R_{i,w,t}$ 和 $R_{M,w,t}$ 的变量定义同式（4-1），$R_{I,w,t}$ 为股票 i 第 t 年第 w 周对应行业 I 的资产组合经流通市值加权的平均收益率。将式（4-4）的每家公司每年的 R^2 代入式（4-2）计算得到 SYN1。

$$R_{i,w,t} = \beta_0 + \beta_1 R_{M,w,t} + \beta_2 R_{M,w-1,t} + \beta_3 R_{I,w,t} + \beta_4 R_{I,w-1,t} + \varepsilon_{i,w,t} \qquad (4-5)$$

式中，$R_{i,w,t}$、$R_{M,w,t}$ 和 $R_{I,w,t}$ 的变量定义同式（4-4），$R_{M,w-1,t}$ 为 A 股所有股票第 t 年第 w-1 周经流通市值加权的平均收益率；$R_{I,w-1,t}$ 为股票 i 第 t 年第 w-1 周对应行业 I 的资产组合经流通市值加权的平均收益率。将式（4-5）的每家公司每年的 R^2 代入式（4-2）计算得到 SYN2。

表 4-6 中第（1）列和第（2）列为采用式（4-4）和式（4-5）回归的 R^2 计算的股价同步性作为被解释变量的回归结果。结果显示，不管采用哪种股价同步性指标的衡量方法，TREAT×POST 的系数分别在 5% 和 10% 的水平下显著为负，表明分行业信息披露监管能够降低股价同步性。

表 4-6 替换被解释变量和替换样本后的回归结果

变量	(1)	(2)	(3)	(4)
	SYN1	SYN2	SYN	SYN
TREAT×POST	-0.0700 **	-0.0565 *	-0.1289 ***	-0.0990 ***
	(-2.375)	(-1.914)	(-3.895)	(-2.913)
BM	0.2316 ***	0.2476 ***	0.2976 ***	0.2962 ***
	(12.723)	(13.583)	(14.866)	(13.604)
TURN	-0.0514 ***	-0.0204 *	-0.0204	-0.0181
	(-4.227)	(-1.676)	(-1.460)	(-1.326)
SIZE	0.1129 ***	0.1285 ***	0.0555 *	0.0020
	(3.992)	(4.539)	(1.805)	(0.059)

续表

变量	（1）	（2）	（3）	（4）
	SYN1	SYN2	SYN	SYN
LEV	-0.0937 ***	-0.0892 ***	-0.0602 ***	-0.0740 ***
	(-6.460)	(-6.140)	(-3.759)	(-4.784)
STD	-0.0020	-0.0008	0.0154	0.0197
	(-0.196)	(-0.076)	(1.373)	(1.536)
GROWTH	-0.0317 ***	-0.0339 ***	-0.0282 **	-0.0148
	(-3.214)	(-3.432)	(-2.037)	(-1.506)
AGE	-2.1873 ***	-2.7957 ***	-2.0587 ***	1.9852 ***
	(-10.687)	(-13.638)	(-9.496)	(9.057)
BIG4	-0.0008	-0.0091	0.0139	0.0069
	(-0.042)	(-0.480)	(0.682)	(0.301)
TOP1	-0.0294	-0.0224	-0.0159	-0.0210
	(-1.416)	(-1.075)	(-0.700)	(-0.864)
DUAL	-0.0169	-0.0137	-0.0042	-0.0111
	(-1.321)	(-1.063)	(-0.294)	(-0.767)
BSIZE	0.0176	0.0300 *	0.0392 **	0.0424 **
	(1.138)	(1.936)	(2.295)	(2.411)
SOE	-0.0647 *	-0.0579 *	-0.1071 ***	-0.1002 **
	(-1.932)	(-1.725)	(-2.945)	(-2.316)
VIOLATE	-0.0151	-0.0137	-0.0065	-0.0100
	(-1.612)	(-1.454)	(-0.620)	(-0.970)
INQUIRY	-0.0362 ***	-0.0422 ***	-0.0280 ***	-0.0018
	(-3.885)	(-4.525)	(-2.760)	(-0.147)
CONS	1.3496 ***	1.7945 ***	1.3911 ***	-0.8217 ***
	(8.727)	(11.586)	(8.439)	(-8.635)
YEAR/FIRM	YES	YES	YES	YES
N	12160	12160	11168	9563
Within R^2	0.2611	0.2503	0.2449	0.3696

2. 替换样本

第一，由于自 2015 年 6 月 15 日开始，沪指震荡下挫尾盘跳水，到 2016 年 1 月 1 日熔断机制在我国股市正式实施，历时 8 个月，最大跌幅达

49.05%。因此，为了排除外部环境剧烈变化对股价同步性可能造成的影响，将 2015 年样本删除，重新进行回归分析。第二，考虑到 2019 年末突发的新冠疫情可能降低了企业的信息传递效率，也影响了投资者获取信息的效率（杨子晖等，2020），必然对股价同步性产生影响。所以，排除这种重大突发公共事件对股价同步性可能造成的影响，将 2019~2020 年样本删除，重新进行回归分析。

表 4-6 中第（3）列为删除 2015 年样本的回归结果。结果显示，TREAT×POST 的系数在 1% 的水平上显著为负，表明分行业信息披露监管能够降低股价同步性，结果依然稳健。表 4-6 中第（4）列为剔除疫情影响后的回归结果，结果显示，TREAT×POST 的系数在 1% 的水平下显著为负，表明分行业信息披露监管能够降低股价同步性，结果依然稳健。

3. 变更 PSM 匹配比例

改变 PSM 抽样比例，采用 1：2 和 1：4 的比例进行近邻有放回匹配，匹配后分别得到 17538 个和 22416 家公司年度观测值，进行稳健性检验。表 4-7 的第（1）列为采用 1：2 进行近邻有放回匹配样本，可以看到 TREAT×POST 的系数在 1% 的水平下显著为负，说明改变匹配比例后，分行业信息披露监管降低股价同步性的结论依然稳健。第（2）列为采用 1：4 进行近邻有放回匹配样本，可以看到 TREAT×POST 的系数在 1% 的水平下显著为负，说明改变匹配比例后，分行业信息披露监管降低股价同步性的结论依然稳健，H4-1a 进一步得到经验证据的支持。

表 4-7 变更 PSM 匹配比例和增加控制变量的回归结果

变量	（1）PSM1：2	（2）PSM1：4	（3）增加控制变量
	SYN	SYN	SYN
TREAT×POST	−0.1068***	−0.1213***	−0.1205***
	(−4.277)	(−5.345)	(−3.996)
BM	0.2665***	0.2711***	0.2685***
	(17.694)	(20.727)	(13.021)

续表

变量	（1）PSM1∶2	（2）PSM1∶4	（3）增加控制变量
	SYN	SYN	SYN
TURN	−0.0186* （−1.874）	−0.0302*** （−3.531）	−0.0247** （−1.978）
SIZE	0.0513** （2.209）	0.0547*** （2.766）	0.0889*** （2.760）
LEV	−0.0377*** （−3.222）	−0.0393*** （−3.707）	−0.0685*** （−4.568）
STD	0.0100 （1.185）	−0.0008 （−0.123）	0.0198* （1.891）
GROWTH	−0.0188** （−2.563）	−0.0260*** （−4.358）	−0.0164 （−1.623）
AGE	−1.9615*** （−11.675）	−1.9397*** （−13.529）	−2.0677*** （−9.871）
BIG4	0.0113 （0.709）	0.0112 （0.820）	0.0160 （0.826）
TOP1	−0.0235 （−1.369）	−0.0221 （−1.495）	0.0329 （1.468）
DUAL	0.0008 （0.075）	0.0056 （0.610）	−0.0050 （−0.381）
BSIZE	0.0326** （2.554）	0.0348*** （3.101）	0.0450*** （2.845）
SOE	−0.0272 （−1.015）	−0.0141 （−0.623）	−0.0870** （−2.534）
VIOLATE	−0.0075 （−0.978）	−0.0087 （−1.308）	−0.0076 （−0.787）
INQUIRY	−0.0292*** （−3.825）	−0.0296*** （−4.486）	−0.0259*** （−2.713）
ANALYST			0.0281* （1.809）
INSHOLD			−0.1519*** （−7.332）
CONS	1.2889*** （10.174）	1.2664*** （11.828）	1.4018*** （8.865）

续表

变量	（1）PSM1：2	（2）PSM1：4	（3）增加控制变量
	SYN	SYN	SYN
YEAR/FIRM	YES	YES	YES
N	17538	22416	12160
Within R^2	0.2900	0.2925	0.2944

4. 增加控制变量

进一步增加了可能对企业股价同步性产生影响的信息环境和公司治理的相关控制变量包括：分析师关注（ANALYST）、机构投资者持股（IN-SHOLD）。表4-7的第（3）列为增加控制变量后的回归结果，可以看到TREAT×POST 的系数在 1% 的水平下显著为负，说明控制分析师关注（ANALYST）和机构投资者持股（INSHOLD）后，分行业信息披露监管降低股价同步性的结论依然稳健。

（二）内生性检验

1. 平行趋势假设检验

双重差分模型估计结果无偏的重要前提是处理组与对照组对因变量的影响在事件发生前呈现平行趋势（Roberts 和 Whited，2013）。DID 模型应用的前提是满足平行趋势假设，因此，借鉴 Serfling（2016）检验平行趋势假定的方法，设立 BEFORE2、BEFORE1 为行业信息披露指引实施的前 2年和前 1 年的虚拟变量，相应地，CURRENT 代表行业信息披露指引实施当年，AFTER1 和 AFTER2 分别为行业信息披露指引实施后 1 年和 2 年的虚拟变量。如果样本满足平行趋势假设，且分行业信息披露监管可以降低股价同步性，那么预期的 TREAT×BEFORE2 和 TREAT×BEFORE1 估计系数不显著，但 TREAT×CURRENT、TREAT×AFTER1 和 TREAT×AFTER2 估计系数至少有一个显著为负。

表4-8 为平行趋势假设检验结果，可以看到，TREAT×BEFORE2 和 TREAT×BEFORE1 估计系数均不显著，而 TREAT×CURRENT、TREAT×AF-

TER1 和 TREAT×AFTER2 估计系数均显著为负，说明处理组和对照组在分行业信息披露监管实施前满足平行趋势假设，即双重差分模型的平行趋势前提假设得到满足，再次验证了分行业信息披露监管显著降低了股价同步性。

表 4-8　平行趋势假设检验

变量	SYN	变量	SYN
TREAT×BEFORE2	−0.0029 （−0.065）	GROWTH	−0.0163 （−1.614）
TREAT×BEFORE1	0.0113 （0.229）	AGE	−2.0392*** （−9.652）
TREAT×CURRENT	−0.1001** （−2.510）	BIG4	0.0130 （0.669）
TREAT×AFTER1	−0.1184** （−2.567）	TOP1	−0.0191 （−0.896）
TREAT×AFTER2	−0.1495*** （−3.373）	DUAL	−0.0049 （−0.375）
BM	0.2824*** （15.128）	BSIZE	0.0381** （2.406）
TURN	−0.0158 （−1.269）	SOE	−0.0996*** （−2.901）
SIZE	0.0579** （1.996）	VIOLATE	−0.0058 （−0.607）
LEV	−0.0624*** （−4.192）	INQUIRY	−0.0275*** （−2.880）
STD	0.0164 （1.571）	CONS	1.3821*** （8.687）
YEAR/FIRM		YES	
N		12160	
Within R^2		0.2903	

2. 安慰剂检验

本章研究结论可能由于存在其他无法观测且随时间推移的随机因素影响估计结果。为了控制这些因素的影响，首先，改变分行业信息披露监管的实施时间进行反事实检验。具体地，将分行业信息披露监管实施的年份设定为提前一年和提前两年，并构建虚假时期的虚拟变量 POST1 和 POST2。表 4-9 显示，TREAT×POST1 的系数回归结果在 10% 的水平下显著，但与预期符号相反；TREAT×POST2 的系数回归结果不显著，并且与预期符号相反，说明股价同步性的降低仅发生在分行业信息披露监管后，证实了分行业信息披露监管发挥效应的稳健性。

表 4-9　构建虚假时期的安慰剂检验结果

变量	（1）	（2）
	SYN	SYN
TREAT×POST1	0.0758* (1.714)	
TREAT×POST2		0.0452 (1.095)
BM	0.2805*** (15.026)	0.2807*** (15.032)
TURN	−0.0153 (−1.226)	−0.0154 (−1.231)
SIZE	0.0652** (2.251)	0.0644** (2.224)
LEV	−0.0632*** (−4.243)	−0.0632*** (−4.247)
STD	0.0162 (1.545)	0.0165 (1.575)
GROWTH	−0.0165 (−1.633)	−0.0165 (−1.629)
AGE	−2.0755*** (−9.884)	−2.0747*** (−9.879)
BIG4	0.0134 (0.690)	0.0137 (0.704)
TOP1	−0.0184 (−0.862)	−0.0187 (−0.875)
DUAL	−0.0041 (−0.314)	−0.0043 (−0.328)

续表

变量	(1)	(2)
	SYN	SYN
BSIZE	0.0386 ** (2.435)	0.0389 ** (2.455)
SOE	-0.1027 *** (-2.991)	-0.1031 *** (-3.000)
VIOLATE	-0.0058 (-0.603)	-0.0056 (-0.586)
INQUIRY	-0.0266 *** (-2.789)	-0.0265 *** (-2.774)
CONS	1.3277 *** (8.412)	1.3267 *** (8.405)
YEAR/FIRM	YES	YES
N	12160	12160
Within R^2	0.2892	0.2890

其次,借鉴孙雪娇等(2019)的方法,随机生成受分行业信息披露监管政策影响的样本,然后使用新生成的处理组和对照组样本对模型(4-3)进行回归,此过程重复 500 次。结果如表 4-10 和图 4-2 所示,系数显著为正和显著为负的占比较小,在一定程度上缓解了由于其他无法观测因素造成的估计偏差,再次验证了分行业信息披露监管能够降低股价同步性的研究结论。

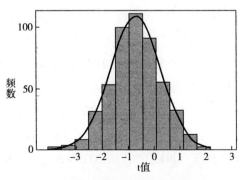

图 4-2　随机模拟 500 次检验结果

表 4-10　虚拟处理效应回归结果的统计分布

	N	均值	5%分位	25%分位	中位数	75%分位	95%分位	标准差
系数	500	-0.0161	-0.0534 **	-0.0307	-0.0162	-0.0021	0.0202	0.0220
t 值	500	-0.707	-2.334	-1.343	-0.710	-0.092	0.886	0.964

五、排除替代性解释

前文结果显示，分行业信息披露监管降低了股价同步性。但这一结果还存在另一种可能的解释：分行业信息披露监管可能增加了资本市场中的噪音，从而降低了股价同步性。具体地，基于行为金融的解释将较低股价同步性视为股价异常变化，认为 R^2 反映的是股票收益中的噪音或者投资者与公司基本面无关的非理性行为。该观点认为更低的 R^2 与噪音挂钩，它指出由于噪音、泡沫以及投资者心理偏见和非理性行为，股价变化远远超过公司基本面和贴现率所能解释的程度，即 R^2 越低，股价所包含的噪音越多（West，1988）。分行业信息披露监管可能披露更多的行业经营性信息，导致市场中更多的噪音交易。

为排除股价同步性的降低是由于噪音的增加而不反映信息含量的可能，借鉴 French 和 Roll（1986）、肖浩和孔爱国（2014）以及朱琳等（2021）的方法，采用股票收益率的年度方差减去月度方差累计值的绝对值来衡量噪音交易 NOISE，构建模型（4-6），检验分行业信息披露监管是否增加了噪音。若 β_1 显著为正，则说明分行业信息披露监管引起股价同步性的降低可能是由于分行业信息披露监管增加了噪音引起，否则，可以排除分行业信息披露监管降低股价同步性是由噪音引起的。

$$NOISE_{i,t} = \beta_0 + \beta_1 TREAT_{i,t} \times POST_{i,t} + \beta_2 CONTROLS + \sum YEAR_t + \sum FIRM_i + \varepsilon_{i,t}$$

$$(4-6)$$

　　表4-11报告了分行业信息披露监管对噪音交易影响的实证结果。可以看出，TREAT×POST的回归系数为负且不显著，说明分行业信息披露监管并未增加噪音交易，这排除了分行业信息披露监管降低股价同步性是由增加噪音交易引起的。即分行业信息披露监管降低了股价同步性，从而提升了资本市场定价效率，支持了"信息效率观"。

表4-11　排除噪音的影响

变量	(1)	变量	(1)
	NOISE		NOISE
TREAT×POST	−0.0552 (−1.533)	BIG4	−0.0067 (−0.289)
BM	0.1486*** (6.716)	TOP1	0.0332 (1.312)
TURN	0.0064 (0.426)	DUAL	0.0135 (0.864)
SIZE	−0.1229*** (−3.584)	BSIZE	−0.0166 (−0.902)
LEV	−0.0087 (−0.499)	SOE	−0.0342 (−0.837)
STD	−0.0148 (−1.167)	VIOLATE	0.0124 (1.085)
GROWTH	−0.0140 (−1.276)	INQUIRY	0.0001 (0.004)
AGE	0.1633** (2.155)	CONS	−0.2219*** (−2.920)
YEAR/FIRM		YES	
N		12160	
Within R^2		0.0587	

六、外部信息环境的调节效应

前文已经分析了分行业信息披露监管可以降低股价同步性，提升资本市场定价效率。而外部信息环境也会影响企业的信息披露行为。分析师、投资者和媒体作为资本市场上重要的信息媒介，其能否在分行业信息披露监管对股价同步性的影响中发挥调节效应尚未可知。因此本节主要从分析师关注、投资者关注和媒体关注三个视角，理论分析并实证检验外部信息环境在分行业信息披露监管对股价同步性影响中发挥的调节效应。

（一）分析师关注

作为资本市场的重要信息中介，分析师有机会与管理层直接互动，通过对信息收集、加工、传播的全方位介入，深入挖掘企业私有信息，增进投资者对上市公司的了解，向资本市场反映证券的内在价值（Piotroski 和 Roulstone，2004），在将企业层面特质信息融入到股价中发挥着重要作用。已有研究显示，分析师不仅扮演着信息解读与传递的角色，还能发挥有效治理作用。具体表现为：一方面，随着分析师可以将其跟踪的上市公司私有信息传递给资本市场投资者，企业盈余操纵行为被抑制（Lang 和 Lund-holm，1996）。另一方面，分析师能够供给多于公司披露的信息，从而对企业信息环境产生治理效应（Bradley 等，2017；Kim 等，2019）。Lui 等（2007，2012）研究表明，分析师是有关定价风险和投资风险的新信息的重要来源。此外，分析师为了增强自身行业技能，会访问和处理大量的与公司竞争地位、战略、趋势、产品等经营活动有关的非财务信息（Previts 等，1994；Bradley 等，2017）。因此，在分行业信息披露监管实施后，企业经营信息披露增多，信息披露质量提升，这给证券分析师提供了获取企业特质信息的机会，这种透明的信息环境降低了分析师搜集公司特质信息的成本。因此，分析师关注加强了分行业信息披露监管对股价同步性的降低作用。即分析师跟踪越多，分行业信息披露监管对股价同步性的降低效应更显著。

基于上述分析，借鉴 Yu（2008）和李春涛等（2014）的研究，使用跟踪一个上市公司的分析师人数加 1 取自然对数衡量上市公司的分析师关注度（ANALYST）。ANALYST 值越大，表明上市公司的分析师关注度越高。表 4-12 中第（1）列报告了分析师关注在分行业信息披露监管对股价同步性影响中发挥的调节效应的实证结果。可以看到，TREAT×POST×AN-ALYST 的回归系数在 10% 水平下显著为负，说明分析师关注可以加强分行业信息披露监管对股价同步性的降低作用，即上市公司被分析师关注越多，分行业信息披露监管越能降低股价同步性，支持了前面的论述。

（二）投资者关注

投资者关注对资产价格的影响长期以来一直被学术界关注。据统计，我国资本市场投资者总数已超过 1 亿人，其中，个人投资者交易额占比超过 80%。现有研究基于"有限关注假说"和"信息传递理论"对投资者关注展开研究。"有限关注理论"认为，投资者的注意力有限，当市场中充斥着体量庞大、形式复杂的信息时，限于精力和时间，投资者无暇顾及所有，只会关注那些简单易懂的信息，并以此进行交易（肖奇和屈文洲，2017）。"信息传递理论"认为投资者关注促进了信息传播，加快了信息被反映到股价中的速度。投资者关注度增加时，对信息的即时解读能力提高，解读滞后减少（张圣平等，2014）。因此，基于有限关注理论，在原本就充斥着冗余信息的资本市场中，分行业信息披露监管带来了企业与经营相关信息的增加，加剧了市场上信息的复杂度和密集性，导致了投资者关注的匮乏（Simon，1973）。已有研究显示，基于投资者有限注意，投资者更关注宏观或行业层面的信息（Peng 和 Xiong，2006），这使投资者关注削弱了分行业信息披露监管对股价同步性的降低作用。但是，从信息传递论来看，分行业信息披露监管督促企业披露的行业经营性信息降低了投资者收集、获取、分析、解读信息的成本，不仅便于投资者对同一行业的企业进行横向比较，也有利于其对同一企业不同时期的经营数据进行纵向趋势分析。冯旭南（2014）利用百度指数作为投资者获取信息的衡量变量，发现投资者会在企业业绩预告前进行大量的信息搜寻工作，致使业绩说明会的召开并未引起强烈的市场反应。因此，基于有限关注假说，投资者关注会削弱分行业信息披露监管对股价同步性的抑制作用，即随着投资者关注度的提高，分行业信息披露监管对股价同步性的降低效应减弱。基于投资者的信息传递效应，本节认为投资者关注加强了分行业信息披露监管对股价同步性的降低作用，即投资者关注度越高，分行业信息披露监管越能降低股价同步性。

借鉴王丹等（2020）的研究，考虑到东方财富股吧论坛中的用户数量较多、用户活跃度高、数据可追溯性强，本书采用网络爬虫方法抓取东方财富股吧中所有上市公司的年发帖数量取对数，作为投资者关注的代理变量（INVESTOR）。INVESTOR 值越大，表明该上市公司被投资者关注度越高。表 4-12 中第（2）列报告了投资者关注在分行业信息披露监管对股价同步性影响中发挥的调节效应的实证结果。可以看到，TREAT×POST×IN-VESTOR 的回归系数为负，却不显著。说明投资者关注在分行业信息披露监管对股价同步性影响中未发挥调节效应，这可能是由于我国投资者中散户占比较多，其无法像机构投资者那样跟踪大量股票，更容易基于注意力的非理性行为被极端价格事件吸引而购买（Huddart 等，2009），导致其在分行业信息披露监管对股价同步性的影响中未发生调节效应。

（三）媒体关注

媒体作为信息中介，通过调查、分析和信息传播，揭露公司存在的问题，引发舆论压力和监管层介入，发挥约束管理层机会主义行为的作用（Dyck 等，2008）。同时，其强大的传播能力有助于市场各方参与者将瞬息万变的市场环境和时刻产生的新闻资讯快速有效地反馈到股价中

（Bushee 等，2010；杨洁等，2016）。分行业信息披露监管的实施使企业更多的行业经营性信息暴露于众。由于我国投资者专业化水平相对较低，信息收集与解读能力不强。媒体可以为投资者推送与公司相关的增量信息，降低市场中的信息处理成本，提高信息分布的均匀性和信息融入效率（Tetlock 等，2008）。因此，媒体关注可以加强分行业信息披露监管对股价同步性的降低作用，即媒体关注度越高，分行业信息披露监管对股价同步性的抑制效应越强。

　　借鉴吴先聪和郑国洪（2021）的研究，采用有关上市公司网络媒体财经新闻中标题出现该公司的新闻总数加 1 后取自然对数来衡量（MEDIA）。MEDIA 值越高，说明该上市公司被媒体关注度越高。表 4-12 中第（3）列报告了媒体关注在分行业信息披露监管对股价同步性影响中发挥的调节效应的实证结果。可以看到，TREAT×POST×MEDIA 的回归系数在 5% 水平下显著为负，说明媒体关注加强了分行业信息披露监管对股价同步性的降低作用，即上市公司被媒体关注越多，分行业信息披露监管越能降低股价同步性。

表 4-12　外部信息环境的调节效应

变量	(1)	(2)	(3)
	SYN	SYN	SYN
TREAT×POST	−0.1003 *** (−4.391)	−0.1055 *** (−3.772)	−0.0724 *** (−5.217)
TREAT×POST×ANALYST	−0.0297 * (−1.804)		
ANALYST	−0.0334 *** (−2.763)		
TREAT×POST×INVESTOR		−0.0174 (−0.901)	
INVESTOR		−0.1157 ** (−2.144)	

续表

变量	(1)	(2)	(3)
	SYN	SYN	SYN
TREAT×POST×MEDIA			−0.0281** (−2.229)
MEDIA			−0.0365*** (−5.649)
BM	0.2557*** (12.011)	0.2615*** (16.064)	0.1857*** (24.106)
TURN	−0.0145 (−1.102)	−0.0078 (−0.660)	−0.0175*** (−3.049)
SIZE	0.1868*** (8.624)	0.0631** (2.510)	0.0238*** (2.682)
LEV	−0.0605*** (−5.256)	−0.0671*** (−5.243)	−0.0542*** (−7.145)
STD	0.0053 (0.675)	0.0150* (1.667)	0.0015 (0.275)
GROWTH	−0.0178** (−2.331)	−0.0173** (−1.988)	−0.0147** (−2.065)
AGE	−2.0829*** (−13.167)	−2.1830*** (−12.079)	−0.0113* (−1.910)
BIG4	0.0166 (1.134)	0.0106 (0.634)	0.0020 (0.369)
TOP1	0.0520*** (2.795)	−0.0211 (−1.151)	−0.0143*** (−2.698)
DUAL	−0.0079 (−0.792)	−0.0102 (−0.903)	−0.0048 (−0.937)
BSIZE	0.0058 (0.486)	0.0314** (2.304)	0.0050 (0.922)
SOE	−0.0160 (−0.613)	−0.0817*** (−2.765)	0.0321*** (5.493)

续表

变量	(1)	(2)	(3)
	SYN	SYN	SYN
VIOLATE	-0.0168 ** (-2.306)	-0.0094 (-1.135)	-0.0175 *** (-3.454)
INQUIRY	-0.0273 *** (-3.778)	-0.0246 *** (-2.985)	-0.0328 *** (-5.749)
CONS	1.5380 *** (12.907)	1.7104 *** (10.881)	0.1854 *** (7.551)
YEAR/FIRM	YES	YES	YES
N	12160	12160	12160
Within R^2	0.2857	0.3359	0.3541

综上所述,分析师关注和媒体关注可以显著加强分行业信息披露监管对股价同步性的降低作用,而投资者关注在分行业信息披露监管对股价同步性影响中发挥的调节效应不显著,说明分析师和媒体可以与证监会对公司股价同步性发挥协同治理效应。

七、本章小结

本章理论分析并实证检验了分行业信息披露监管对股价同步性的影响,并考虑分析师关注、投资者关注和媒体关注的影响,考查了外部信息环境在分行业信息披露监管对股价同步性影响中的调节效应。基于 2009~2020 年沪深 A 股上市公司样本,用倾向得分匹配后的样本构建多时点 DID

模型进行检验。实证结果表明：

（1）分行业信息披露监管降低了股价同步性，提高了资本市场定价效率。在经过替换被解释变量、替换样本、增加控制变量、变更PSM匹配比例、平行趋势假设检验和安慰剂检验后该结论依然成立。

（2）本章对分行业信息披露监管降低股价同步性的替代性解释进行了排除，结论表明分行业信息披露监管并未增加资本市场中的噪音交易，排除了分行业信息披露监管降低股价同步性是由于增加了噪音交易引起的可能性。

（3）考虑外部信息环境的调节效应，发现分析师关注和媒体关注可以加强分行业信息披露监管对股价同步性的抑制作用，而投资者关注的调节效应不显著。即随着分析师关注度和媒体关注度的提高，分行业信息披露监管对股价同步性的抑制效应增强。

第五章

分行业信息披露监管对股价同步性的
影响渠道

本章主要理论分析并实证检验分行业信息披露监管对信息披露行为的影响，以检验信息披露行为在分行业信息披露监管对股价同步性影响中的中介效应。首先，对分行业信息披露监管对信息披露质量和数量如何影响进行理论上的分析，在此基础上形成研究假说；其次，对本章所提假说进行实证检验，并分析检验结果；再次，进一步从审计师行业专长、内部控制质量和投资者保护三个角度检验分行业信息披露监管对信息披露行为的异质性影响；最后，对研究结论作以小结。本章的逻辑关系如图 5-1 所示。

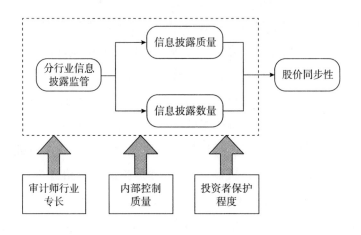

图 5-1　第五章逻辑关系

一、理论分析与研究假说

股价同步性的一个重要根源在于资本市场中投资者与企业之间存在着信息不对称，企业私有信息无法有效地反映到股票价格中，进而导致资本市场定价效率低下。而分行业信息披露监管可以从质量和数量两个方面改善企业的信息披露行为，促使企业特质信息更多地反映到股价中，股价同步性降低，资本市场定价效率提升。

（一）分行业信息披露监管与信息披露质量

分行业信息披露监管增强了信息间的相互印证度，增加了信息的可理解性，改善了监管模式，从而抑制企业信息操纵动机，提升了信息披露质量。

1. 分行业信息披露监管增强了信息间的相互印证度

基于委托代理理论和信息不对称理论，企业管理层存在信息优势，掌握着门店盈亏、销售计划和完成情况等一系列的公司经营信息，可以选择性地进行披露，意欲满足其盈余操控和控制股价的目的。一方面，分行业信息披露监管要求企业披露更多的行业经营性信息，增加了管理层信息操纵的难度与成本。在企业的整个运营中会产生繁杂的信息，包括财务信息与非财务信息，而投资者仅能从市场中获取企业应监管要求所披露的一部分信息（Littleton，1953），限制了外部投资者获取的信息来源（Beaver，1981）。由于投资者大多将利润作为评价公司业绩和选股的依据，管理层有强烈的股价操纵动机来酌情披露信息。而随着资本市场中财务舞弊事件的屡次发生，Riley 等（2003）指出与传统的财务报表相比，投资者压倒性地重视非财务信息，内外部利益相关者也在急切期待上市公司披露更多的非财务信息（Holder-Webb，2009）。行业经营性信息作为一种非财务信息，具有较强的可验证性和较高的操纵难度，为更好地验证财务信息提供了思路。其一，行业经营性信息（如门店个数、水电量使用、产销量、员工人数等）相对较为客观，并不涉及管理层复杂的专业判断（Brazel 等，2009），因此客观的行业经营性信息可以与财务信息形成一一对应关系，而对外披露的经营信息和会计信息会被信息使用者互相验证与评价，缩小了管理层出于某种私利而操纵盈余的空间，从而提高信息披露质量。其二，有些行业经营性信息是由独立来源编制和报告的，如生产信息由生产部门生成、库存信息由库存部门生成，而非财务信息由管理层编制。如若管理层操纵财务信息，那么需要其他部门来配合伪造一些数据信息，这增加了信息操纵难度和复杂度（叶康涛和刘金洋，2021），因此也会倒逼管理层披露较高质量的会计信息。另一方面，分行业信息披露监管强调企业阐释其经营情况出现变动的合理原因。这既可以使不同行业企业间的经营数据易于比较，还有利于对照企业不同时期的经营数据变动，并从中洞察到信息披露的端倪。这促使同行企业披露的经营信息具有高度可比性和参照性，从而倒逼管理层提升信息披露质量。

2. 分行业信息披露监管增加了信息的可理解性

语言作为信息的传播媒介，与英美国家固定精练的表达不同，我国特殊的语言环境为管理层操纵信息，尤其是对非财务信息的操纵提供了机会。其一，需要基于特定的语境来解读表达的意思。我国语言表达比较微妙和委婉，有时字面意思与实际意思截然不同，需要基于特定的情境去解读。其二，与英语相比，汉字比较复杂，年报中的生僻字、晦涩难懂的语句会阻碍投资者的阅读，导致其错过可能重要的信息。其三，表达形式多样。对不同汉字或相近意义的词语进行排列组合可以表达不同的意思。基于这种特殊的语言环境，印象管理理论认为管理层为了给信息使用者留下较好的印象，会以文字游戏进行文本操纵（孙蔓莉，2004）。而分行业信息披露监管要求上市公司使用简明易懂的语言，介绍和解释必要的专业术语、专业背景和知识，避免使用生僻语言和概念，确保投资者，特别是中小投资者能够很好地了解公司的经营状况和风险信息，提升企业年报可理解性。在监管规则下，企业对于经营相关信息的充分解释有效抑制了管理层隐藏不利信息的动机（Hoitash 和 Hoitash，2018），从而提升信息披露质量。

3. 分行业信息披露监管可以通过改善监管方式进而提升信息披露质量

在过去的辖区监管模式下，对企业而言，可能为了逃避监管而进行寻租活动，致使其信息披露质量不佳；对监管机构来说，限于监管资源和精力，监管层会根据监管机构与企业的距离来衡量监管成本（Kedia 和 Rajgopal，2011；Kubick 和 Lockhart，2016），不能系统高效地对上市公司普遍存在的盈余管理、财务舞弊、对利益相关方信息披露不健全等一系列违规问题进行监管（Hollaneder 和 Verriest，2016）。根据交易成本理论，距离监管机构越远，监管成本越高，在执法资源有限的前提下这可能会导致监管机构的监管责任失效，潜在地增大了企业的机会主义倾向，降低了企业信息披露质量。另外，从被监管上市公司的感知来讲，其距离监管机构的地理越近，上市公司高管越能体会到监管威慑力的存在（肖红军等，2021），从而自觉主动规范自身的信息披露行为。而分行业信息披露监管政策的出台，可以克服辖区监管下受监管距离影响而对一些企业监管不足的问题，从而改善信息披露质量。实施分行业信息披露监管后，交易所以行业作为监管维度，对同行业或相近行业的上市公司安排相应的监管工作人员。其一，通过邀请证券研究机构的分析师和行业龙头企业的专家进行行业知识培训，制作行业简报，监管部门可以获得基本行业知识，加强对上市公司的监管，有效提高信息披露质量。其二，同行企业对经营信息披露的关键指标大体相同，面临的经济环境、发展机会相似，受政府政策影响一致（Hilary 和 Shen，2013）。由同一监管专家对同一行业的上市公司的财务报表进行监管，可以加强同行或相似业务企业的经营信息的横向比较（林钟高和朱杨阳，2021），能从企业对经营数据变动的原因解释中判断企业信息披露的真实性，从而倒逼企业提升信息披露质量。其三，交易所会根据企业的信息披露情况进行考评公示。公司信息披露考评的好坏直接影响了其被市场的认可度和在资本市场中的表现（周晓苏和李进营，2010）。在这种压力机制下，上市公司不得不提高信息披露质量。

基于以上论述，本章提出如下假说：

H5-1：当其他条件不变时，分行业信息披露监管有助于提升企业信息披露质量。

（二）分行业信息披露监管与信息披露数量

分行业信息披露监管，一方面加剧了企业行业竞争，其出于资本市场交易动机会增加信息披露数量；另一方面使得同行企业的经营业绩和股价更易于比较，在管理层才能示意动机下管理层会披露更多的特质信息。具体而言：

分行业信息披露监管作为一种外部监管机制，将上市公司信息披露的要求区分为应当披露和鼓励披露两个层次。即分行业信息披露监管除强制要求上市公司披露一些一般性和常规性信息外，还采取适当引导的方式，鼓励上市公司针对部分个性化经营指标进行自愿性信息披露。现有研究显示，企业会出于资本市场交易动机和管理者才能示意动机自愿地披露一些特有信息（Beyer 等，2010）。

1. 分行业信息披露监管加剧了企业行业竞争，出于资本市场交易动机，会增加信息披露数量

根据资本市场交易动机，为了从资本市场中以较低的成本获得资金或提升股价，企业有较强的动力自愿披露更多的信息。信号传递理论表明，自愿信息披露是个性化信息的重要来源，是投资者识别投资标的的关键信号（程新生等，2011；Huang 等，2018）。从自愿性信息披露的意愿和披露信息的多寡可以看出管理层降低信息不对称的意向（闫化海，2004）。已有研究显示，管理层所有的自愿信息披露提供了 66% 的会计信息（Beyer 等，2010）。蒋先玲等（2018）发现，上市公司自愿披露的信息向投资者提供了更多有用信息。分行业信息披露监管提升了信息披露专有成本，加剧了企业市场竞争（Verrecchia，1983）。面对激烈的行业竞争，企业只

有获取持续竞争优势才能满足投资者获得相应回报。一方面，在分行业信息披露监管下，企业会被动或主动地披露月度或季度经营数据，这有利于投资者对企业经营的理性预期和价值判断，降低企业融资成本，强化其竞争优势。另一方面，交易所对上市公司信息披露的考核评级受到市场参与者的认可。由于管理层提供的企业内部信息是市场参与者获取信息的重要途径，所以市场上的投资者、分析师等也青睐和认可信息披露行为较好和考评较优的上市公司。因此，为了提振投资者信息和获得低成本融资，企业有动机顺应监管政策的变更、按照指引披露更多有用信息（林钟高和朱杨阳，2021）。因此，在资本市场交易动机下，分行业信息披露监管会加剧企业行业竞争，从而有助于其增加信息披露数量。

2. 分行业信息披露监管使得同行公司的经营业绩和股价更易于比较，出于才能示意动机管理层会披露更多的特质信息

具体而言，分行业信息披露监管作为一种外部监管机制，有利于督促和引导企业揭示真实的经营和治理情况，从而披露更多的特质信息。披露较多的经营信息能够增强股东和投资者对经理层的信任程度。普华永道一项调查显示，80%的经理人认为自愿性信息披露提高了股东的信任程度和经理人市场的关注度。经理人有动机披露更多的经营信息使股东和外部投资者辨识自身努力程度，旨在为其提供更高的激励性薪酬。换言之，分行业信息披露监管鼓励企业披露更多对投资者有用的经营信息，并与同行比较剖析关键指标变动的原因，便于股东和投资者低成本地获取与企业价值相关的信息。股东和投资者可以通过对同行业不同企业间的相对业绩指标评价，更加科学理性地评判管理层的能力、努力程度和企业经营状况。因此，在管理层才能示意动机下，分行业信息披露监管提供了评判管理层能力和努力的方式，增加了企业信息披露数量。

基于以上论述，本章提出如下假说：

H5-2：当其他条件不变时，分行业信息披露监管有助于增加企业信息披露数量。

二、研究设计

（一）变量界定

为验证上述两个假说，本章从信息披露质量和信息披露数量两个方面展开研究，具体的关键变量定义如下，其他变量的定义、样本选择和数据来源同第 4 章。

1. 信息披露质量

依据 Dechow 等（1995）的修正 Jones 模型分年度分行业估计得到操控性应计盈余，并且对操控性应计盈余取绝对值得到 ABS_DA，ABS_DA 越高，盈余质量越差，信息质量越低。

2. 信息披露数量

借鉴 Liao 等（2021）和鲁桂华等（2017）的研究，采用企业主要经营数据披露公告的绝对次数来衡量公司信息披露的数量，并以变量 NUM 来表示，该数值越大，表明上市公司更倾向于对外进行经营信息披露。

（二）模型设定

与第四章相同，构建如下多期双重差分模型，对分行业信息披露监管后的企业信息披露质量和信息披露数量进行估计。基准模型如下：

$$ABS\_DA_{i,t}/NUM_{i,t} = \gamma_0 + \gamma_1 TREAT_{i,t} \times POST_{i,t} + \gamma_2 CONTROLS +$$

$$\sum YEAR_t + \sum FIRM_i + \varepsilon_{i,t} \qquad (5-1)$$

式中，ABS_DA 为信息披露质量，NUM 为信息披露数量，TREAT 为样本企业是否实施了分行业信息披露指引的哑变量，POST 为分行业信息披露指引实施的时间哑变量，CONTROLS 为控制变量。此外，模型中还控制了公司固定效应和年份固定效应。考虑到 NUM 为排序变量，当被解释变量为信息披露数量（NUM）时，采用固定效应有序 Logit 模型。正如 H5-1 所述，如果分行业信息披露监管提升了信息披露质量，则 TREAT×POST 的系数 γ_1 应该显著为负。同理，若 H5-2 成立，即分行业信息披露监管增加了信息披露数量，则 TREAT×POST 的系数 γ_1 应该显著为正。

（三）样本选择与数据来源

以 2009~2020 年沪深 A 股上市公司为研究对象，上市公司数据主要来源于国泰安（CSMAR）数据库。关于信息披露数量，通过搜索上海证券交易所、深圳证券交易所和巨潮资讯网，手工收集并梳理上市公司经营数据报告，根据年度内是否披露经营数据报告和年度内披露经营数据报告次数进行衡量，只考虑经营数据的首次公告，不考虑经营数据披露后的更正公告。其他数据收集、数据筛选规则和 PSM 过程与第 4 章保持一致。

三、实证结果与分析

（一）描述性统计分析

表 5-1 报告了本章所定义变量的描述性统计结果，从中可以看出：信息披露质量（ABS_DA）的均值为 0.053，最小值为 0，最大值为 0.537，说明样本企业的信息披露质量参差不一；信息披露数量（NUM）的均值为 0.268，最小值为 0，最大值为 12，说明样本企业年均披露经营数据 0.268 次。

表 5-1　主要变量描述性统计

变量名	样本量	均值	中位数	标准差	最小值	最大值
ABS_DA	12160	0.053	0.035	0.060	0	0.537
NUM	12160	0.268	0	1.048	0	12

资料来源：采用 Stata 软件计算整理而得。

（二）分行业信息披露监管与信息披露质量

与第四章类似，本章利用倾向得分匹配后的样本对模型（5-1）进行回归。表 5-2 报告了分行业信息披露监管对信息披露质量影响的实证结果。其中，第（1）列固定年份效应和公司效应后的回归结果显示，TREAT×POST 的回归系数在 1% 水平下显著为负，说明分行业信息披露监管可以显著降低盈余管理，提升信息披露质量。第（2）列、第（3）列逐步增加公司特质等其他控制变量后的回归结果显示，TREAT×POST 的回归系数依然均至少在 5% 水平下显著为负，说明分行业信息披露监管显著提升了信息披露质量的作用是较为稳健的，验证了 H5-1。

表 5-2　分行业信息披露监管与信息披露质量

变量	(1) ABS_DA	(2) ABS_DA	(3) ABS_DA
TREAT×POST	-0.0998*** (-3.015)	-0.0837** (-2.566)	-0.0842*** (-2.579)
BM		-0.1294*** (-6.440)	-0.1291*** (-6.428)
TURN		-0.0036 (-0.265)	-0.0034 (-0.248)
SIZE		0.0167 (0.533)	0.0143 (0.456)
LEV		0.1984*** (9.949)	0.1990*** (9.958)

续表

变量	(1)	(2)	(3)
	ABS_DA	ABS_DA	ABS_DA
STD		0.2437*** (21.299)	0.2453*** (21.236)
GROWTH		0.0995*** (9.857)	0.0993*** (9.839)
AGE		−0.1441*** (−3.039)	−0.1344*** (−2.820)
BIG4		−0.0093 (−0.437)	−0.0094 (−0.443)
TOP1		0.0340 (1.472)	0.0333 (1.439)
DUAL		−0.0059 (−0.408)	−0.0061 (−0.425)
BSIZE		0.0029 (0.172)	0.0025 (0.146)
SOE		−0.0557 (−1.483)	−0.0557 (−1.483)
VIOLATE			0.0137 (1.309)
INQUIRY			−0.0170 (−1.629)
CONS	−0.0968*** (−3.886)	−0.0273 (−0.820)	−0.0284 (−0.852)
YEAR/FIRM	YES	YES	YES
N	12160	12160	12160
Within R^2	0.0182	0.0913	0.0917

（三）分行业信息披露监管与信息披露数量

利用倾向得分匹配后的样本对模型（5-1）进行回归。表5-3报告了分行业信息披露监管对信息披露数量影响的实证结果。其中，第（1）列固定年份效应和企业效应后的回归结果显示，TREAT×POST 的回归系数在

1%水平下显著为正，说明分行业信息披露监管可以显著提升信息披露数量。第（2）列、第（3）列逐步增加公司特质等其他控制变量后的回归结果显示，TREAT×POST 的回归系数依然均在 1%水平下显著为正，说明分行业信息披露监管显著提升了信息披露数量的作用是较为稳健的，验证了H5-2。

表 5-3　分行业信息披露监管与信息披露数量

变量	（1）	（2）	（3）
	NUM	NUM	NUM
TREAT×POST	0.9468*** (12.832)	1.0032*** (13.065)	1.0062*** (13.093)
BM		0.2906*** (5.802)	0.2867*** (5.717)
TURN		-0.0264 (-0.518)	-0.0267 (-0.524)
SIZE		-0.0258 (-0.462)	-0.0241 (-0.432)
LEV		-0.0749 (-1.627)	-0.0781* (-1.686)
STD		-0.0395 (-0.997)	-0.0455 (-1.122)
GROWTH		-0.0652 (-1.588)	-0.0632 (-1.539)
AGE		0.3937*** (8.731)	0.3923*** (8.684)
BIG4		0.0126 (0.356)	0.0114 (0.320)
TOP1		0.3199*** (8.170)	0.3164*** (8.028)
DUAL		0.1521*** (3.793)	0.1516*** (3.776)
BSIZE		-0.0467 (-1.210)	-0.0440 (-1.141)

续表

变量	(1)	(2)	(3)
	NUM	NUM	NUM
SOE		0.3196*** (7.510)	0.3188*** (7.425)
VIOLATE			−0.0702* (−1.787)
INQUIRY			0.0545* (1.866)
YEAR/FIRM	YES	YES	YES
N	12160	12160	12160
Pseudo R²	0.1445	0.1909	0.1916

注：因变量为 NUM 时采用固定效应有序 Logit 模型回归，结果不汇报常数项。下文表格均保持一致，不再注明。

四、稳健性和内生性检验

（一）稳健性检验

1. 关键变量替换检验

与第四章相同，本章采用更换因变量度量方法的方式进行稳健性检验。首先，关于信息披露质量，借鉴孙健等（2016）的研究，使用陆建桥模型（1999）计算盈余管理程度（DA_LU）对模型（5-1）重新进行回归。表5-4 中第（1）列报告了更换因变量后的分行业信息披露监管对信息披露质量影响的实证结果，TREAT×POST 的回归系数在5%水平下显著为负，说明分行业信息披露监管可以显著降低盈余管理，提升信息披露质量的结论比较稳健，再次验证了 H5-1。

其次，关于信息披露数量，设置了哑变量 DUM 来表征上市公司经营数据公告的披露意愿。具体地，当企业某年度有发布经营数据公告时，DUM 取值为 1，否则取值为 0。将因变量换成 DUM 对模型（5-1）重新进行回归，表 5-4 中第（2）列报告了更换因变量后的分行业信息披露监管对信息披露数量影响的实证结果，TREAT×POST 的回归系数在 1% 水平下显著为正，说明分行业信息披露监管可以显著提升信息披露数量的结论比较稳健，再次验证了 H5-2。

表 5-4　替换被解释变量的回归结果

变量	（1）	（2）
	DA_LU	DUM
TREAT×POST	−0.0751 **	0.9716 ***
	（−2.292）	（12.536）
BM	−0.1287 ***	0.2702 ***
	（−6.386）	（5.310）
TURN	0.0000	−0.0261
	（0.003）	（−0.508）
SIZE	0.0318	−0.0322
	（1.012）	（−0.569）
LEV	0.1971 ***	−0.0770 *
	（9.833）	（−1.648）
STD	0.2414 ***	−0.0511
	（20.833）	（−1.242）
GROWTH	0.0968 ***	−0.0683
	（9.555）	（−1.639）
AGE	−0.1636 ***	0.4129 ***
	（−3.420）	（9.045）
BIG4	−0.0061	0.0064
	（−0.286）	（0.179）
TOP1	0.0279	0.3197 ***
	（1.201）	（7.986）

续表

变量	（1）	（2）
	DA_LU	DUM
DUAL	−0.0105 （−0.726）	0.1409*** （3.482）
BSIZE	0.0033 （0.194）	−0.0402 （−1.030）
SOE	−0.0473 （−1.256）	0.3048*** （7.022）
VIOLATE	0.0146 （1.387）	−0.0619 （−1.560）
INQUIRY	−0.0176* （−1.686）	0.0600** （2.025）
CONS	−0.0237 （−0.707）	
YEAR/FIRM	YES	YES
N	12160	12160
Within R^2/Pseudo R^2	0.0906	0.2460

注：第（2）列采用面板 Logit 模型回归，回归结果不汇报常数项。

2. 替换样本

考虑到 2019 年末突发的新冠疫情可能会影响企业的信息披露行为（杨子晖等，2020），从而影响本书结论的稳健性。所以，排除这种重大突发公共事件对企业信息披露行为可能造成的影响，将 2019~2020 年样本删除，重新进行回归分析。

表 5-5 中第（1）列和第（2）列分别为剔除 2019~2020 年样本后，分行业信息披露监管对信息披露质量和信息披露数量影响的检验结果。第（1）列 TREAT×POST 的系数在 10% 的水平下显著为负，说明剔除新冠疫情影响后，分行业信息披露监管提升信息披露质量的结论依然稳健。第（2）列 TREAT×POST 的系数在 1% 的水平下显著为正，说明剔除新冠疫情影响后，分行业信息披露监管增加信息披露数量的结论依然稳健。

表5-5　替换样本的稳健性检验

变量	(1)	(2)
	ABS_DA	NUM
TREAT×POST	−0.0716*	0.5304***
	(−1.767)	(5.165)
BM	−0.1433***	0.3838***
	(−5.606)	(4.970)
TURN	0.0068	0.0877
	(0.425)	(1.412)
SIZE	0.0471	0.0144
	(1.217)	(0.177)
LEV	0.2231***	−0.0789
	(9.198)	(−1.239)
STD	0.2632***	−0.0058
	(18.424)	(−0.095)
GROWTH	0.0967***	−0.0810
	(8.312)	(−1.553)
AGE	−0.0885**	0.3924***
	(−2.015)	(6.477)
BIG4	0.0145	0.0145
	(0.531)	(0.311)
TOP1	0.0324	0.3338***
	(1.119)	(6.375)
DUAL	0.0022	0.1100**
	(0.128)	(1.986)
BSIZE	0.0007	−0.0164
	(0.032)	(−0.318)
SOE	−0.0555	0.3480***
	(−1.070)	(5.916)
VIOLATE	0.0235*	−0.1182**
	(1.908)	(−2.290)
INQUIRY	−0.0002	0.1383***
	(−0.012)	(3.426)
CONS	0.0141	
	(0.480)	

变量	（1）	（2）
	ABS_DA	NUM
YEAR/FIRM	YES	YES
N	9563	9563
Within R^2/Pseudo R^2	0.0867	0.2107

3. 变更 PSM 匹配比例

参照第四章的做法，改变 PSM 匹配比例进行稳健性检验。表5-6 中第
（1）列和第（2）列为变更 PSM 匹配比例后分行业信息披露监管对信息披
露质量影响的检验结果。第（1）列采用 1∶2 进行近邻有放回的匹配样
本，可以看到 TREAT×POST 的系数在 5% 的水平下显著为负，说明改变匹
配比例后，分行业信息披露监管提升信息披露质量的结论依然稳健。第
（2）列为采用 1∶4 进行近邻有放回的匹配样本，可以看到 TREAT×POST
的系数在 1% 的水平下显著为负，说明改变匹配比例后，分行业信息披露
监管提升信息披露质量的结论依然稳健，H5-1 进一步得到经验证据的支
持。第（3）列和第（4）列为变更 PSM 匹配比例后分行业信息披露监管
对信息披露数量影响的检验结果。第（3）列采用 1∶2 进行近邻有放回的匹
配样本，可以看到 TREAT×POST 的系数在 1% 的水平上显著为正，说明改变
匹配比例后，分行业信息披露监管增加信息披露数量的结论依然稳健。第
（4）列为采用 1∶4 进行近邻有放回的匹配样本，可以看到 TREAT×POST 的
系数在 1% 的水平下显著为正，说明改变匹配比例后，分行业信息披露监管
增加信息披露数量的结论依然稳健，H5-2 进一步得到经验证据的支持。

表5-6 变更 PSM 匹配比例的检验结果

变量	（1）PSM1∶2	（2）PSM1∶4	（3）PSM1∶2	（4）PSM1∶4
	ABS_DA	ABS_DA	NUM	NUM
TREAT×POST	−0.0627 **	−0.0698 ***	1.1078 ***	1.2285 ***
	（−2.340）	（−2.873）	（17.342）	（21.072）

续表

变量	(1) PSM1∶2	(2) PSM1∶4	(3) PSM1∶2	(4) PSM1∶4
	ABS_DA	ABS_DA	NUM	NUM
BM	−0.1263***	−0.1146***	0.2875***	0.2722***
	(−7.754)	(−8.103)	(6.680)	(6.971)
TURN	−0.0029	0.0011	−0.0411	−0.0775*
	(−0.275)	(0.124)	(−0.946)	(−1.918)
SIZE	−0.0094	−0.0223	−0.0318	−0.0195
	(−0.361)	(−0.991)	(−0.670)	(−0.453)
LEV	0.1949***	0.2069***	−0.0713*	−0.0266
	(12.538)	(15.570)	(−1.815)	(−0.739)
STD	0.2718***	0.2800***	−0.0495	−0.0619*
	(29.785)	(35.385)	(−1.402)	(−1.948)
GROWTH	0.1205***	0.1132***	−0.0745**	−0.1280***
	(16.011)	(17.371)	(−2.127)	(−3.922)
AGE	−0.2084	−0.2287	0.3029***	0.3341***
	(−1.162)	(−1.438)	(7.955)	(8.150)
BIG4	−0.0077	−0.0068	0.0302	0.0377
	(−0.452)	(−0.469)	(1.033)	(1.418)
TOP1	0.0212	0.0251	0.3063***	0.2595***
	(1.150)	(1.586)	(9.221)	(8.471)
DUAL	−0.0160	−0.0089	0.1197***	0.1143***
	(−1.427)	(−0.916)	(3.504)	(3.628)
BSIZE	0.0164	0.0020	−0.0036	0.0022
	(1.189)	(0.162)	(−0.111)	(0.075)
SOE	−0.0386	−0.0432*	0.2987***	0.3249***
	(−1.342)	(−1.787)	(8.235)	(9.778)
VIOLATE	0.0098	0.0092	−0.0818**	−0.0829***
	(1.189)	(1.286)	(−2.440)	(−2.660)
INQUIRY	−0.0168**	−0.0214***	0.0565**	0.0493**
	(−2.036)	(−3.008)	(2.279)	(2.134)
CONS	−0.0112	0.0168		
	(−0.073)	(0.125)		
YEAR/FIRM	YES	YES	YES	YES
N	17538	22416	17538	22416

变量	（1）PSM1∶2	（2）PSM1∶4	（3）PSM1∶2	（4）PSM1∶4
	ABS_DA	ABS_DA	NUM	NUM
Within R^2/Pseudo R^2	0.1144	0.1158	0.1831	0.1832

（二）内生性检验

1. 平行趋势假设检验

同第四章，双重差分模型估计结果无偏的重要前提是处理组与对照组对因变量的影响在事件发生前呈现平行趋势（Roberts 和 Whited，2013）。DID 模型应用的前提是满足平行趋势假设，因此，借鉴 Serfling（2016）检验平行趋势假定的方法，设立 BEFORE2、BEFORE1 为行业信息披露指引实施的前 2 年和前 1 年的虚拟变量，相应地，CURRENT 代表行业信息披露指引实施当年，AFTER1 和 AFTER2 分别为行业信息披露指引实施后 1 年和 2 年的虚拟变量。如果样本满足平行趋势假设，且分行业信息披露监管可以提升信息披露质量，那么本书预期 TREAT×BEFORE2 和 TREAT×BEFORE1 估计系数不显著，但 TREAT×CURRENT、TREAT×AFTER1 和 TREAT×AFTER2 估计系数至少有一个显著为负。同理，如果样本满足平行趋势假设，且分行业信息披露监管可以增加信息披露数量，那么本书预期 TREAT×BEFORE2 和 TREAT×BEFORE1 估计系数不显著，但 TREAT×CUR-RENT、TREAT×AFTER1 和 TREAT×AFTER2 估计系数至少有一个显著为正。

表 5-7 为平行趋势假设检验结果。其中，第（1）列以因变量信息披露质量（ABS_DA）的回归结果显示，TREAT×BEFORE2 和 TREAT×BE-FORE1 估计系数均不显著，而 TREAT×CURRENT、TREAT×AFTER1 和 TREAT×AFTER2 估计系数至少在 10% 的水平下显著为负，说明处理组和对照组在分行业信息披露监管实施前满足平行趋势假设，即双重差分模型的平行趋势前提假设得到满足，也再次验证了分行业信息披露监管显著提

升了信息披露质量。第（2）列以因变量信息披露数量（NUM）的回归结果显示，TREAT×BEFORE2 和 TREAT×BEFORE1 估计系数不显著，而TREAT×CURRENT、TREAT×AFTER1 和 TREAT×AFTER2 估计系数至少在5%的水平下显著为正，说明处理组和对照组在分行业信息披露监管实施前满足平行趋势假设，即双重差分模型的平行趋势前提假设得到满足，也再次验证了分行业信息披露监管显著增加了信息披露数量。

表 5-7　平行趋势假设检验结果

变量	（1）	（2）
	ABS_DA	NUM
TREAT×BEFORE2	−0.0792 （−1.630）	−0.0045 （−0.129）
TREAT×BEFORE1	−0.0530 （−0.996）	0.0075 （0.198）
TREAT×CURRENT	−0.1122*** （−2.611）	0.0703** （2.465）
TREAT×AFTER1	−0.0886* （−1.785）	0.1382*** （4.260）
TREAT×AFTER2	−0.1279*** （−2.695）	0.2175*** （6.311）
BM	−0.0881*** （−4.464）	0.0972*** （6.588）
TURN	−0.0021 （−0.162）	−0.0115 （−1.168）
SIZE	0.0123 （0.379）	0.1413*** （6.742）
LEV	0.1887*** （9.686）	−0.1845*** （−12.753）
STD	0.2712*** （23.677）	−0.0053 （−0.621）
GROWTH	0.1215*** （12.784）	−0.0098 （−1.378）

续表

变量	（1）	（2）
	ABS_DA	NUM
AGE	-0.2028*** (-6.337)	-0.0872 (-0.781)
BIG4	-0.0076 (-0.360)	-0.0134 (-0.848)
TOP1	0.0358 (1.557)	0.0247 (1.451)
DUAL	-0.0064 (-0.448)	0.0356*** (3.332)
BSIZE	0.0105 (0.610)	-0.0539*** (-4.215)
SOE	-0.0561 (-1.510)	-0.1076*** (-3.847)
VIOLATE	0.0104 (1.001)	-0.0153* (-1.958)
INQUIRY	-0.0224** (-2.164)	0.0302*** (3.945)
CONS	-0.0013 (-0.060)	
YEAR/FIRM	YES	YES
N	12160	12160
Within R^2/Pseudo R^2	0.1115	0.1244

2. 安慰剂检验

本章前面的研究结论可能由于存在其他无法观测且随时间变化的随机因素影响估计结果。为了控制这些因素的影响，同第四章，首先，改变分行业信息披露监管的实施时间进行反事实检验。具体地，将分行业信息披露监管实施的年份设定为提前一年和提前两年，并构建虚假时期的虚拟变量POST1和POST2。表5-8中第（1）列和第（2）列为针对分行业信息披露监管对信息披露质量影响检验的构建虚假时期的安慰剂检验结果，结果显示，TREAT×POST1 和 TREAT×POST2 的系数回归结果都不显著，说明信息披露质量的提升仅发生在分行业信息披露监管后，证实了分行业信息披露监管对提升信息披露质量发挥效应的稳健性。同样地，第（3）列和第（4）列为针对分行业信息披露监管对信息披露数量影响检验的构建虚假时期的安慰剂检验结果，结果显示，TREAT×POST1 和 TREAT×POST2 的系数回归结果不显著，说明信息披露数量的增加仅发生在分行业信息披露监管后，证实了分行业信息披露监管对增加信息披露数量发挥效应的稳健性。

表 5-8 构建虚假时期的安慰剂检验结果

变量	（1）	（2）	（3）	（4）
	ABS_DA	ABS_DA	NUM	NUM
TREAT×POST1	0.0080 （0.167）		-0.0420 （-1.100）	
TREAT×POST2		-0.0382 （-0.851）		-0.0425 （-1.194）
BM	-0.1274*** （-6.279）	-0.1272*** （-6.272）	0.0489*** （3.035）	0.0488*** （3.033）
TURN	0.0128 （0.944）	0.0131 （0.968）	0.0027 （0.253）	0.0029 （0.270）
SIZE	0.1040*** （3.303）	0.1039*** （3.302）	-0.1431*** （-5.729）	-0.1427*** （-5.712）
LEV	0.1862*** （11.509）	0.1861*** （11.508）	-0.0862*** （-6.709）	-0.0861*** （-6.708）
STD	0.2487*** （21.838）	0.2486*** （21.830）	-0.0255*** （-2.822）	-0.0257*** （-2.847）
GROWTH	0.0998*** （9.066）	0.0997*** （9.057）	-0.0015 （-0.170）	-0.0016 （-0.178）
AGE	-1.6564*** （-7.259）	-1.6566*** （-7.260）	0.0963 （0.532）	0.0957 （0.529）
BIG4	-0.0101 （-0.479）	-0.0101 （-0.479）	-0.0128 （-0.763）	-0.0130 （-0.773）

变量	(1)	(2)	(3)	(4)
	ABS_DA	ABS_DA	NUM	NUM
TOP1	0.0439 *	0.0442 *	0.1001 ***	0.1004 ***
	(1.896)	(1.907)	(5.446)	(5.460)
DUAL	−0.0132	−0.0129	0.0380 ***	0.0382 ***
	(−0.920)	(−0.906)	(3.347)	(3.364)
BSIZE	0.0073	0.0074	−0.0178	−0.0179
	(0.422)	(0.430)	(−1.301)	(−1.311)
SOE	−0.0452	−0.0455	−0.1165 ***	−0.1164 ***
	(−1.212)	(−1.220)	(−3.932)	(−3.929)
VIOLATE	0.0113	0.0112	−0.0226 ***	−0.0227 ***
	(1.085)	(1.076)	(−2.723)	(−2.739)
INQUIRY	−0.0147	−0.0147	−0.0064	−0.0065
	(−1.415)	(−1.414)	(−0.780)	(−0.790)
CONS	1.1054 ***	1.1052 ***		
	(6.445)	(6.444)		
YEAR/FIRM	YES	YES	YES	YES
N	12160	12160	12160	12160
Within R^2/Pseudo R^2	0.1027	0.1027	0.1401	0.1401

其次,借鉴孙雪娇等(2019)的方法,随机生成受分行业信息披露监管政策影响的样本,然后使用新生成的处理组和对照组样本对模型(5-1)进行回归,此过程重复500次。结果如表5-9、图5-2和图5-3所示。图5-2为因变量为信息披露质量时的结果,图5-3为因变量为信息披露数量时的结果。从表5-9和两图可以看出,系数显著为正和显著为负的占比较小,在一定程度上缓解了由于其他无法观测因素造成的估计偏差,再一次验证了分行业信息披露监管能够提升信息披露质量和增加信息披露数量的研究结论。

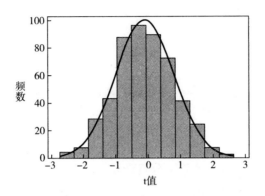

图5-2　因变量为信息披露质量随机模拟500次检验结果

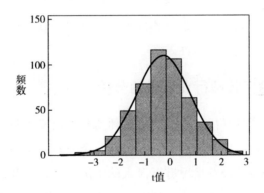

图5-3　因变量为信息披露数量随机模拟500次检验结果

表5-9　虚拟处理效应回归结果的统计分布

变量		N	均值	5%分位	25%分位	中位数	75%分位	95%分位	标准差
ABS_DA	系数	500	-0.0025	-0.0411	-0.0188	-0.0020	0.0141	0.0349	0.0226
	t值	500	-0.098	-1.622	-0.740	-0.077	0.554	1.379	0.892
NUM	系数	500	-0.0054	-0.0435**	-0.0210	-0.0048	0.0096	0.0321	0.0234
	t值	500	-0.252	-2.031	-0.976	-0.224	0.450	1.493	1.089

五、异质性分析

前文已经论证并实证检验了分行业信息披露监管可以提升信息披露质量和增加信息披露数量，但这种关系有可能在不同的治理环境中表现有所不同。对不同内外部治理水平和处于不同制度环境的企业来说，分行业信息披露监管对企业信息披露行为的影响存在差异。基于此，本节从审计师行业专长、内部控制质量和投资者保护三个方面考查分行业信息披露监管对信息披露行为影响的异质性。

（一）考虑审计师行业专长的分析

已有研究发现具有行业专长的审计师通常专攻某个行业，同时为行业内的多家上市公司提供审计服务，不懈地与企业管理层或客户进行沟通交流，对被审计单位的经营情况有更深入的了解。行业专长较高的审计师具有较扎实的某一行业业务能力、较高的声誉和较强的职业判断能力，有动机、有能力及时发现审计客户的潜在错报，有效抑制管理层的盈余管理行为（Reichelt 和 Wang，2010；Chen 等，2010）。同时，具有行业专长的审计师在上市公司财务报表审计过程中，除关注报表财务数据外，还会关注不同行业经营信息以及行业经营信息与财务数据之间的对应关系，从而提升企业信息披露质量（Dunn 等，2004）。此外，审计师会随时关注一些监管政策动态，具有行业专长的审计师更加了解监管趋势，会督促企业披露更多的行业经营性信息。因此，本书预期，对于聘请了具有较高行业专长审计师的企业来说，分行业信息披露监管对提升信息披露质量和增加信息披露数量的边际作用发挥不明显。相反，当聘请的审计师行业专长较低时，分行业信息披露监管对提升信息披露质量和增加信息披露数量的边际效应比较显著。因此,在聘请具有较低行业专长审计师的企业中,分行业信息披露监管能起到更加重要的作用。

借鉴范经华等(2013)的研究,采用比较保守的行业市场组合指标来估计行业专长。考虑到可能存在营业收入为负无法取平方根的情况,采用审计客户的总资产来代替审计费用,得到审计师行业专长的度量指标MSA。MSA值越大,表明审计师行业专长越高。本章根据审计师行业专长(MSA)的均值将样本分为两组,对模型(5-1)进行回归。回归结果如表5-10所示。

表5-10 考虑审计师行业专长的分析

变量	(1) 审计师行业专长低 ABS_DA	(2) 审计师行业专长高 ABS_DA	(3) 审计师行业专长低 NUM	(4) 审计师行业专长高 NUM
TREAT×POST	-0.1030** (-2.145)	-0.0027 (-0.053)	0.3723*** (10.003)	0.1701*** (3.899)
BM	-0.0929*** (-3.120)	-0.1489*** (-4.497)	0.0162 (0.705)	0.0837*** (2.976)
TURN	-0.0044 (-0.218)	0.0036 (0.173)	-0.0089 (-0.577)	0.0318* (1.793)
SIZE	0.0370 (0.723)	0.1287** (2.277)	-0.1963*** (-5.196)	-0.0632 (-1.339)
LEV	0.2068*** (7.414)	0.1497*** (4.337)	-0.0964*** (-5.634)	-0.1391*** (-5.827)
STD	0.2753*** (16.702)	0.2699*** (14.278)	-0.0321** (-2.507)	-0.0301* (-1.857)
GROWTH	0.1101*** (7.916)	0.0988*** (6.416)	0.0051 (0.478)	-0.0008 (-0.058)
AGE	-0.1292 (-0.418)	-0.1477 (-0.426)	0.1411 (0.590)	0.2688 (0.914)
BIG4	0.0396 (1.314)	-0.0246 (-0.485)	-0.0235 (-1.006)	0.0360 (0.838)

续表

变量	（1） 审计师行业专长低 ABS_DA	（2） 审计师行业专长高 ABS_DA	（3） 审计师行业专长低 NUM	（4） 审计师行业专长高 NUM
TOP1	0.0192 （0.551）	0.0232 （0.580）	0.0929*** （3.433）	0.1614*** （4.760）
DUAL	−0.0190 （−0.920）	0.0127 （0.556）	0.0597*** （3.740）	0.0337* （1.741）
BSIZE	0.0259 （1.015）	−0.0184 （−0.673）	0.0153 （0.774）	−0.0295 （−1.270）
SOE	−0.0933* （−1.801）	−0.0240 （−0.341）	−0.1978*** （−4.937）	0.0084 （0.140）
VIOLATE	−0.0002 （−0.014）	0.0191 （1.164）	0.0018 （0.158）	−0.0399*** （−2.870）
INQUIRY	−0.0185 （−1.232）	−0.0386** （−2.399）	−0.0022 （−0.185）	−0.0033 （−0.239）
CONS	−0.0627 （−0.223）	−0.1833 （−0.659）		
YEAR/FIRM	YES	YES	YES	YES
N	6951	5209	6951	5209
Within R^2/Pseudo R^2	0.1043	0.1078	0.1939	0.1639
系数差异检验	chi2（1）= 3.51 Prob>chi2 = 0.0609		chi2（1）= 9.31 Prob>chi2 = 0.0023	

注：系数差异检验为似无相关检验。下文表格均保持一致，不再注明。

　　表5-10中第（1）列和第（2）列为考虑审计师行业专长时，分行业信息披露监管对信息披露质量的影响差异。在第（1）列审计师行业专长较低的组中，TREAT×POST的系数在5%的水平上显著为负，而在第（2）列审计师行业专长较高的组中，TREAT×POST的系数为负但不显著，且TREAT×POST的组间系数差异值显著异于0。因此，在审计师行业专长较低的样本组中，分行业信息披露监管更能显著降低盈余管理，提高信息披露质量。

第（3）列和第（4）列为考虑审计师行业专长时，分行业信息披露监管对信息披露数量的影响差异。在审计师行业专长较低和较高的组中，TREAT×POST 的系数均在 1% 的水平上显著为正，而在第（3）列审计师行业专长较低的组中，TREAT×POST 的系数更大，且 TREAT×POST 的组间系数差异值显著异于 0。因此，在审计师行业专长较低的样本组中，分行业信息披露监管更能显著增加信息披露数量。

（二）考虑内部控制质量的分析

内部控制是企业运营管理的关键要素，是企业治理的基础（罗莉和胡耀丹，2015）。在信息披露质量方面，确保财务信息和非财务信息的清晰、完整、可靠是内控的主要目标之一。企业良好的内部控制系统为验证和核实企业经营信息与财务信息的真实性提供了有力保障。因此，当企业内部控制质量较高时，管理层信息操纵的成本较高，信息披露质量较高（Ashbaugh-Skaife 等，2008；Goh 和 Li，2011）。在信息披露数量方面，内部控制质量高的企业对员工专业知识的培养更完善，更符合信息披露的监管规范，因此内部控制质量好的企业更倾向于披露更多的行业经营性信息。此外，通常而言，相较于内控质量较好的企业，内部控制质量较差的企业信息透明度较低，其融资能力较差，管理层与股东之间的代理问题比较严重，其管理层更有可能基于资本市场交易动机和管理层才能示意动机进行自愿性信息披露。总之，对于内部控制质量高的企业来说，分行业信息披露监管对提升信息披露质量和增加信息披露数量的发挥边际作用不太明显。因此，本书预期，在内部控制质量低的企业中，分行业信息披露监管能起到更加重要的作用。

借鉴李瑞敬等（2022）的研究，采用迪博内部控制指数取对数来衡量内部控制质量（IC），并根据内部控制质量（IC）的均值将样本分为两组，对模型（5-1）进行回归，回归结果如表 5-11 所示。

表 5-11 中第（1）列和第（2）列为考虑内部控制质量时，分行业信息披露监管对信息披露质量的影响差异。在第（1）列内部控制质量较低

分行业信息披露监管与资本市场定价效率

的组中，TREAT×POST 的系数在 1% 的水平上显著为负，而在第（2）列
内部控制质量较高的组中，TREAT×POST 的系数为负但不显著，且
TREAT×POST 的组间系数差异值显著异于0。因此，在内部控制质量较低
的样本组中，分行业信息披露监管更能显著降低盈余管理，提高信息披露
质量。第（3）列和第（4）列为考虑内部控制质量时，分行业信息披露监
管对信息披露数量的影响差异。在内部控制质量较低和较高的组中，
TREAT×POST 的系数均在 1% 的水平下显著为正，而在第（3）列内部控
制质量较低的组中，TREAT×POST 的系数更大，且 TREAT×POST 的组间
系数差异值显著异于0。因此，在内部控制质量较低的样本组中，分行业
信息披露监管更能显著增加信息披露数量。

表 5-11　考虑内部控制质量的分析

变量	（1） 内部控制质量低 ABS_DA	（2） 内部控制质量高 ABS_DA	（3） 内部控制质量低 NUM	（4） 内部控制质量高 NUM
TREAT×POST	-0.1689*** (-2.586)	-0.0325 (-0.649)	0.2619*** (4.876)	0.1789*** (3.023)
BM	-0.1119*** (-3.123)	-0.0909*** (-3.067)	0.0438 (1.367)	0.0828** (2.174)
TURN	0.0359* (1.704)	-0.0261 (-1.120)	0.0167 (0.850)	-0.0203 (-1.007)
SIZE	0.0071 (0.135)	0.0349 (0.673)	-0.1335** (-2.456)	-0.1309* (-1.925)
LEV	0.2296*** (7.727)	0.1357*** (4.027)	-0.0974*** (-3.785)	-0.1491*** (-3.133)
STD	0.3377*** (20.433)	0.1365*** (6.239)	-0.0255* (-1.790)	0.0283 (1.375)
GROWTH	0.0515*** (3.141)	0.1405*** (9.119)	0.0165 (1.493)	0.0042 (0.340)
AGE	-0.0920 (-0.909)	0.1893 (1.161)	-0.1170 (-1.227)	-0.0736 (-0.636)

续表

变量	（1）	（2）	（3）	（4）
	内部控制质量低	内部控制质量高	内部控制质量低	内部控制质量高
	ABS_DA	ABS_DA	NUM	NUM
BIG4	-0.0366 （-0.971）	0.0315 （1.124）	-0.0102 （-0.381）	-0.0341 （-1.066）
TOP1	0.0233 （0.603）	0.0217 （0.622）	0.1349*** （3.398）	0.0822* （1.921）
DUAL	0.0188 （0.845）	0.0022 （0.096）	0.0326* （1.706）	0.0406* （1.841）
BSIZE	0.0615** （2.222）	-0.0465* （-1.836）	-0.0086 （-0.345）	-0.0219 （-0.723）
SOE	-0.0594 （-1.064）	-0.0764 （-1.163）	-0.1132** （-2.394）	-0.1091 （-1.553）
VIOLATE	0.0174 （1.100）	0.0120 （0.690）	-0.0209 （-1.230）	-0.0159 （-1.180）
INQUIRY	-0.0271* （-1.882）	-0.0054 （-0.253）	-0.0151 （-1.419）	0.0149 （0.624）
CONS	-0.1102 （-1.553）	-0.3843** （-2.477）		
YEAR/FIRM	YES	YES	YES	YES
N	5862	6298	5862	6298
Within R^2/Pseudo R^2	0.1540	0.0790	0.1675	0.1467
系数差异检验	chi2（1）= 5.89 Prob>chi2=0.0152		chi2（1）= 3.40 Prob>chi2=0.0650	

（三）考虑投资者保护的分析

分行业信息披露监管对企业信息披露行为的影响受到外部制度环境的影响。在不同的投资者保护环境下，分行业信息披露监管发挥的效应可能随之产生变化。良好的投资者保护可以保证契约的有效执行，提高投资者的维权意识，加强投资者对公司管理层的监督能力，从而督促企业提升信息披露质量（于文超和何勤英，2013）。同理，王化成等（2014）也发现良好的投资者保护制度可以抑制管理层的盈余操纵和寻租行为，从而增加信息披露数量。此外，在投资者保护较好的地区，投资者要求的风险溢价较低，企业管理层出于资本市场交易动机进行自愿性信息披露的行为较少。因此，投资者保护程度越高，意味着法律和相关制度对投资者保护越完善，投资者越能行使其监督权利，降低企业和外部投资者之间的信息不对称问题。那么，在投资者保护环境更好的地区，分行业信息披露监管对改善企业信息披露行为的边际效应不显著。相反，在投资者保护环境较差的地区，管理层的机会主义动机更强，企业信息披露行为更不规范。在此种情形下，分行业信息披露监管更能显著改善企业的信息披露行为。即本文认为在投资者保护环境较差的地区，分行业信息披露监管更有助于提升企业信息披露质量和增加信息披露数量。

基于上述分析，借鉴袁媛等（2019）的研究，使用各省市场中介组织的发育和法律制度环境评分的排名来衡量投资者保护程度（LAW），指标越高，代表投资者保护环境越高。根据投资者保护指标（LAW）的均值将样本分为两组，对模型（5-1）进行回归。回归结果如表5-12所示。

表5-12中第（1）列在各省市场中介组织的发育和法律制度环境评分的排名（LAW）较低的组中，即在投资者保护水平较差的组中，TREAT×POST的系数在5%的水平上显著为负，而在第（2）列各省市场中介组织的发育和法律制度环境评分的排名（LAW）较高的组中，TREAT×POST的系数为正且不显著，且TREAT×POST的组间系数差异值显著异于0。同理，第（3）列投资者保护指数（LAW）较低的组中，TREAT×POST的系数在1%的水平上显著为正，而在第（4）列投资者保护指数（LAW）较高的组中，即在投资者保护水平较好的组中，TREAT×POST的系数在1%的水平上显著为正，且其绝对值明显低于第（3）列，TREAT×POST的组间系数差异值显著异于0。因此，在投资者保护水平较差的样本组中，分行业信息披露监管更有助于提升信息披露质量和增加信息披露数量。

表 5-12　考虑投资者保护差异的分析

变量	（1）	（2）	（3）	（4）
	投资者保护差	投资者保护好	投资者保护差	投资者保护好
	ABS_DA	ABS_DA	NUM	NUM
TREAT×POST	−0.0994 **	0.0053	0.3327 ***	0.1635 ***
	（−2.021）	（0.121）	（7.919）	（4.572）
BM	−0.1001 ***	−0.1090 ***	0.0554 **	0.0208
	（−3.384）	（−3.735）	（2.207）	（0.890）
TURN	0.0118	−0.0046	0.0149	−0.0228
	（0.555）	（−0.239）	（0.868）	（−1.573）
SIZE	0.0691	0.0227	−0.1374 ***	−0.0434
	（1.463）	（0.431）	（−3.684）	（−1.053）
LEV	0.2199 ***	0.1819 ***	−0.0526 ***	−0.1898 ***
	（7.444）	（5.638）	（−3.132）	（−7.593）
STD	0.2389 ***	0.2964 ***	−0.0383 ***	−0.0130
	（15.855）	（15.182）	（−2.901）	（−0.817）
GROWTH	1.3581 ***	1.4933 ***	−0.0089	0.0286
	（8.125）	（8.633）	（−0.696）	（0.991）
AGE	−1.5586 ***	−1.5799 ***	−0.0891	0.0798
	（−4.288）	（−5.830）	（−0.288）	（0.365）
BIG4	0.0146	−0.0189	0.0037	−0.0166
	（0.452）	（−0.665）	（0.133）	（−0.727）
TOP1	0.0446	0.0334	0.1100 ***	0.0971 ***
	（1.403）	（0.907）	（4.103）	（3.304）
DUAL	0.0043	−0.0040	0.0438 **	0.0242
	（0.206）	（−0.203）	（2.446）	（1.535）
BSIZE	0.0331	−0.0174	0.0045	−0.0628 ***
	（1.359）	（−0.673）	（0.218）	（−3.049）
SOE	−0.1218 **	0.0217	−0.1216 ***	−0.0849 *
	（−2.486）	（0.387）	（−2.906）	（−1.874）
VIOLATE	0.0285 *	−0.0228	−0.0207 *	−0.0301 **
	（1.959）	（−1.550）	（−1.671）	（−2.538）
INQUIRY	−0.0076	−0.0233 *	0.0054	−0.0193 *
	（−0.496）	（−1.738）	（0.411）	（−1.779）

变量	(1)	(2)	(3)	(4)
	投资者保护差	投资者保护好	投资者保护差	投资者保护好
	ABS_DA	ABS_DA	NUM	NUM
CONS	1.2443*** (4.189)	1.0301*** (5.473)		
YEAR/FIRM	YES	YES	YES	YES
N	6166	5994	6166	5994
Within R^2/Pseudo R^2	0.1222	0.0942	0.1820	0.1339
系数差异检验	chi2 (1) = 3.07 Prob>chi2 = 0.0796		chi2 (1) = 9.82 Prob>chi2 = 0.0017	

六、本章小结

在第四章的基础上，本章理论分析及实证检验了分行业信息披露监管对信息披露质量和信息披露数量的影响，并考虑审计师行业专长、内部控制质量和投资者保护的影响，考查了分行业信息披露监管对信息披露质量和信息披露数量影响的差异性。基于 2009~2020 年沪深 A 股上市公司样本，用倾向得分匹配后的样本构建多时点 DID 模型进行检验。实证结果表明：

（1）分行业信息披露监管提高了信息披露质量，且增加了信息披露数量。在经过替换被解释变量、替换样本、变更 PSM 匹配比例、平行趋势假设检验和安慰剂检验后该结论依然成立；本章研究结论表明，信息披露质量和信息披露数量在分行业信息披露监管对股价同步性的影响中发挥了中介作用，再次证明了第四章的论述，分行业信息披露监管降低了股价同步性是信息在发挥作用。

（2）考虑审计师行业专长、内部控制质量和投资者保护的影响，研究发现在审计师行业专长更低、投资者内部控制质量更低和投资者保护环境更差的样本组中，分行业信息披露监管更能显著提高企业信息披露质量和增加信息披露数量。

第六章

分行业信息披露监管对股价同步性
影响的经济后果

前文已经证实了分行业信息披露监管有助于提升企业信息披露质量、增加信息披露数量，从而降低了股价同步性，提升了资本市场定价效率。而资本市场的基本功能是利用股票价格的信号机制以使资源配置达到最优状态。基于 Hayek（1945）的研究思想，股票市场具有信息传递的功能，管理层和投资者可以根据股票价格的变化了解投资者对公司未来发展的预期，进而为公司的投融资决策提供参考。因此，本章从融资成本和投资效率两个视角，理论分析及实证检验分行业信息披露监管对融资成本和投资效率的影响，并分别考虑企业产权性质、企业所处地区的市场化程度和经济政策不确定性时，分行业信息披露监管对融资成本和投资效率的影响差异。本章的研究发现提供了分行业信息披露监管影响公司投融资行为的证据，从而从经济后果层面扩大了对分行业信息披露监管影响资本市场定价效率的认识。本章的逻辑关系如图 6-1 所示。

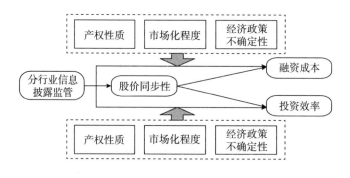

图 6-1　本章的逻辑关系

一、理论分析与研究假说

（一）分行业信息披露监管与融资成本

信息不对称是导致企业融资成本较高的重要原因（屈文洲等，2011）。富含信息的股价能够向管理层、投资者或债权人提供更多的企业信息，缓解企业内外部之间的信息不对称，从而降低企业融资成本。因此，本书推测分行业信息披露监管可以降低公司股价同步性，提升公司股价信息含量，从而缓解企业内外部之间的信息不对称，最终降低企业融资成本。具体而言：

分行业信息披露监管降低了股价同步性，利于向债权人和投资者传递企业信息，从而缓解了企业融资行为中的逆向选择问题，降低了企业融资成本。根据信息不对称理论，市场上的信息不对称会导致逆向选择行为。具体表现为，投资者的投资决策依赖于企业管理层披露的信息，管理层传递给市场的信息都是投资者进行判断决策的重要依据。如果发行股票的上市公司是优良企业，他们会觉得自己的股票被低估了，因而不愿意按照投资者的要价卖出股票。而愿意向投资者出售股票的只有不良企业，因为其发行价格高于股价本身。所以，理性投资者会尽量减少持有或不持有不良公司的股票，这样的均衡结果可能是：很少有企业可以通过发行股票来筹资，股票市场的资本配置功能得不到有效发挥。同理，在信贷市场也是如此。企业作为融资群体，风险不一，风险低的企业想以较低的利率获得借款，风险高的企业可以承担较高的利率来获得借款。而如果处于信息劣势的债权人为了维护自身利益，统一实行较高的利率，那么风险低的企业会因此而退出市场，最终借款的都是风险较高的企业，导致银行信贷资源也不能有效配置（杨继伟，2011）。

在分行业信息披露监管下，企业披露更多的行业经营性信息并被资本市场股价充分捕捉。随着股价中反映企业特质信息程度的提高，股价变动能够更精准地反映其未来盈利能力的变化。债权人或投资者可以更便捷地从股价波动中判断企业的盈利能力和风险情况，从而确定其融资成本。

对债务融资成本而言，分行业信息披露监管提升了股价中反映企业特质信息的能力。在债务契约签订之前，债权人可以通过股价波动判断企业盈利能力和风险情况，简化了其通过线下了解门店收入情况的流程，方便将其与已获取的财务信息进行印证，增加信息可信度。这使得债权人能够更加合理地评估上市公司的偿债风险和还款能力，从而降低债权人与公司之间的逆向选择，减少贷款利息风险溢价，从而降低债务融资成本（胡宁等，2020）。在债务契约签订后，债权人可以根据股价变动实时关注贷款企业的盈利情况，评估公司的信贷使用情况和其偿还能力，避免出现可能的道德风险。对权益融资成本而言，与知情投资者相比，富含企业特质信息的股价有助于降低不知情投资者的系统性信息风险，进而降低不知情投资者要求的投资补偿率，企业权益融资成本随之下降（王俊秋，2013；Healy 和 Palepu，1993）。因此，当公司股价同步性越低时，公司股价越能反映企业特质信息，知情交易会越充分，投资者对股票的风险预期降低，企业权益融资成本也随之降低。

基于上述论证，本章提出如下研究假说：

H6-1：分行业信息披露监管降低了企业债务融资成本。

H6-2：分行业信息披露监管降低了企业权益融资成本。

（二）分行业信息披露监管与投资效率

分行业信息披露监管有助于降低股价同步性，提升股价信息含量。股价信息含量的提升一方面有助于向投资者传递更多的公司信息，另一方面有助于向管理层提供更多的专家意见，提升股价信息的传递效应和反馈效应，进而提升公司投资效率。

1. 分行业信息披露监管降低了股价同步性，有助于向投资者传递更多企业信息，增强投资者的监督，从而提升企业投资效率

根据委托代理理论，在现代企业组织中，当契约签订并生效后，由于所有者追求自身财富最大化，而理性的经理人追求自己的工资津贴、奢侈消费和闲暇时间的最大化，经理人的这种自利行为可能会偏离企业利润最大化目标，经理人与所有者之间的信息不对称使所有者不能完全观察经理人的行为，就会产生所谓的道德风险。即经理人可能会出于自利动机而投资一些净现值为负的项目。分行业信息披露监管作为一种外部监管机制，从年度报告、临时报告和自愿披露三个方面，分为应当披露和鼓励披露两个层次，制定了信息披露规范，要求企业针对自身所处行业的宏观、市场、行业信息及竞争地位、经营情况等进行讨论和分析。分行业信息披露监管引导企业披露的行业经营性信息是投资者了解经营状况、判断企业价值的最重要信息，其信息含量越高，对降低股价同步性的作用就越好（何贤杰等，2018）。因此，分行业信息披露监管有利于督促企业披露揭示企业真实的经营、治理情况和潜在风险的个性化信息，从而为投资者提供更多公司信息，增强投资者对公司经理人行为的监督，缓解了委托代理问题中诸如过度投资这类道德风险问题，从而提升了企业投资效率。

2. 分行业信息披露监管降低了股价同步性，有助于向管理层提供更多的专家意见，提升股价信息的反馈效应，进而提升公司投资效率

早在 1945 年，Hayek 就研究认为股价中聚合了来自许多不同参与者的信息，这些参与者在交易过程之外并无与企业沟通的渠道，因此，股价中可能包含了一些经理人未能掌握的信息（Dow 和 Gorton，1997；Subrahmanyam 和 Titman，1999），这些信息反过来可以指导经理人做出投资决策。根据管理层学习假说，对于企业的投资决策，管理者不仅依赖企业内部的信息，还需要借助一些外部投资者的信息。即通过股票市场上不同投资者的交易活动聚集并传递到股票价格中的信息可以被管理层在做投资决策时使用，并非仅仅依靠自己的主观判断。Wurgler（2000）和 Chen 等（2007）研究证实了股价会引导经理人做出投资决策，即金融市场会影响

实体经济。同样地，杨继伟（2011）的研究也证实了该结论，认为富含信息的股价通过降低融资约束和代理成本两方面改善企业投资效率。陈康和刘琦（2018）、连立帅等（2019）证实了股价信息对公司投资行为的引导作用。Goldstein 等（2013）和 Edmans 等（2017）发现，当股票价格拥有最大信息量时，资本提供者的决策效率最高。Foucault 和 Frésard（2012）研究发现交叉上市一方面可以使知情交易者有更多的交易场所利用他们的私人信息，另一方面还促进了东道国市场投资者的交易，这些交易中含有一些经理人无法获得的新信息。因此，股价同步性越低，管理层可以从股价中学习的信息含量越高，企业投资效率就越高。

基于上述论证，本章提出如下研究假说：

H6-3：当其他条件不变时，分行业信息披露监管提升了企业投资效率。

二、研究设计

（一）变量界定

为验证上述假说，本章采用如下方式衡量债务融资成本、权益融资成本和投资效率，其他变量的定义、样本选择和数据来源同第四章。

1. 债务融资成本

借鉴李广子和刘力（2009）、张伟华等（2018）的研究，采用利息支出与公司总负债的比值（COST1）来衡量企业债务融资成本，其值越大，表明企业债务融资成本越高。

2. 权益融资成本

借鉴毛新述等（2012）的研究，采用 PEG 模型来衡量权益融资成本，其值越大，表明企业权益融资成本越高。

3. 投资效率

借鉴 Richardson（2006）、王善平和李志军（2011）、刘行和叶康涛（2013）的研究，通过模型（6-1）估算 INEFFI。

$$INV_{i,t} = \sigma_0 + \sigma_1 INV_{i,t-1} + \sigma_2 CASH_{i,t-1} + \sigma_3 SIZE_{i,t-1} + \sigma_4 LEV_{i,t-1} +$$
$$\sigma_5 GROW_{i,t-1} + \sigma_6 RET_{i,t-1} + \sigma_7 AGE_{i,t-1} + YEAR + IND + \varepsilon_{i,t} \quad (6-1)$$

式中，$INV_{i,t}$ 为企业当年新增资本投资额，一般认为，当 $\varepsilon_{i,t}$ 小于 0 时，表示企业投资不足，记作 UNDERINV；当 $\varepsilon_{i,t}$ 大于 0 时，表示企业投资过度，记作 OVERINV。为方便解读回归结果，对 $\varepsilon_{i,t}$ 取绝对值，命名为 INEFFI，表示企业的非效率投资，其值越大，表明企业非效率投资越严重。

4. 控制变量

借鉴融资成本和投资效率影响因素，选取如下控制变量：换手率（TURN）、公司规模（SIZE）、资产负债率（LEV）、审计师规模（BIG4）、股权集中度（TOP1）、两职兼任情况（DUAL）、董事会规模（BSIZE）、国有性质（SOE）、公司违规（VIOLATE）、问询函（INQUIRY）和行业竞争程度（HHI）。其中，前 10 个控制变量的计算和定义与第四章一致，行业竞争程度的界定为：$HHI = \sum p_i^2$，p_i 为第 i 个行业在总收入中的比重，HHI 值越大，行业竞争程度越低。

（二）模型设定

与第四章相同，构建如下多期双重差分模型，对分行业信息披露监管后的企业融资成本和投资效率进行估计。

$$COST1_{i,t} / R\_PEG_{i,t} / INEFFI_{i,t} = \kappa_0 + \kappa_1 TREAT_{i,t} \times POST_{i,t} + \kappa_2 CONTROLS +$$
$$\sum YEAR_t + \sum FIRM_i + \varepsilon_{i,t} \quad (6-2)$$

式中，COST1 为企业债务融资成本，R_PEG 为企业权益融资成本，INEFFI 为企业投资效率，TREAT 为样本企业是否实施了分行业信息披露指引的哑变量，POST 为分行业信息披露指引实施的时间哑变量，CON-

TROLS 为控制变量。此外，模型中还控制了公司固定效应和年份固定效应。正如 H6-1 和 H6-2 所述，如果分行业信息披露监管降低了企业融资成本，则式（6-2）中 TREAT×POST 的系数 κ_1 应该显著为负。同理，若 H6-3 成立，即分行业信息披露监管提升了企业投资效率，则式（6-2）中 TREAT×POST 的系数 κ_1 应该显著为负。

同时，采用温忠麟等（2004）的方法构建中介效应检验模型以验证分行业信息披露监管、股价同步性和融资成本/投资效率的关系。具体而言，第一步，采用模型（6-2）检验分行业信息披露监管对融资成本/投资效率（COST1/R_PEG/INEFFI）的影响；第二步，采用模型（4-3）检验分行业信息披露监管对股价同步性（SYN）的影响；第三步，采用模型（6-3）检验股价同步性（SYN）是否存在中介效应。模型（6-2）中 κ_1 是分行业信息披露监管对融资成本/投资效率（COST1/R_PEG/INEFFI）的总效应，在系数 κ_1 显著的前提下，依次检验模型（4-3）中的系数 α_1 和模型（6-3）中系数 θ_2；若 α_1 和 θ_2 都显著，检查模型（6-3）中系数 θ_1：若 θ_1 显著说明部分中介效应显著，否则说明完全中介效应显著，即分行业信息披露监管对于融资成本/投资效率的影响是部分（完全）通过股价同步性（SYN）所传导的。如果系数 α_1 和 θ_2 中至少有一个不显著，则作 Sobel 检验。中介效应模型如下：

$$COST1_{i,t}/R\_PEG_{i,t}/INEFFI_{i,t} = \theta_0 + \theta_1 TREAT_{i,t} \times POST_{i,t} + \theta_2 SYN + \theta_3 CONTROLS + \sum YEAR_t + \sum FIRM_i + \varepsilon_{i,t}$$

$$(6-3)$$

（三）样本选择与数据来源

以 2009~2020 年沪深 A 股上市公司为研究对象，上市公司数据主要来源于国泰安（CSMAR）数据库。数据收集、数据筛选规则和 PSM 过程与第四章保持一致。

三、实证结果与分析

（一）描述性统计分析

表 6-1 报告了前文所定义变量在倾向得分匹配后最终样本的描述性统计结果，从中可以看出：债务融资成本（COST1）的均值为 0.019，最小值为 0，最大值为 0.062，说明样本公司利息支出占总负债的比例为1.9%。权益融资成本（R_PEG）的均值为 0.106，最小值为 0.024，最大值为 0.236，说明样本的权益融资成本平均水平为 10.6%，最大值与最小值之间差距较大，不同上市公司的权益融资成本之间存在较大差异，与王化成等（2017）的描述性统计结果大体一致。投资效率（INEFFI）的均值为 0.040，最小值为 0.000，最大值为 0.264，最大值和最小值之间差距比较大，说明不同的上市公司的投资效率之间存在较大的差异，这与现有研究基本一致（陈志斌和汪官镇，2020；姚立杰等，2020）。

表 6-1　倾向得分匹配后最终样本的主要变量描述性统计

变量名	样本量	均值	中位数	标准差	最小值	最大值
COST1	11749	0.019	0.017	0.015	0.000	0.062
R_PEG	7998	0.106	0.103	0.040	0.024	0.236
INEFFI	9989	0.040	0.027	0.044	0.000	0.264

注：由于计算债务融资成本、权益融资成本和投资效率时个别变量缺失导致样本量有所减少。

（二）分行业信息披露监管、股价同步性与融资成本

表 6-2 报告了分行业信息披露监管、股价同步性与债务融资成本关系

的检验结果。模型（6-2）的回归结果见第（1）列，TREAT×POST 的系数在 1% 的水平下显著为负，说明分行业信息披露监管降低了企业债务融资成本。模型（4-3）的回归结果见第（2）列，TREAT×POST 的系数在 1% 的水平下显著为负，说明分行业信息披露监管降低了股价同步性。模型（6-3）的回归结果见第（3）列，TREAT×POST 的系数在 1% 的水平下显著为负，且股价同步性（SYN）的系数在 10% 的水平下显著为正，说明分行业信息披露监管降低股价同步性后，企业债务融资成本降低，即随着分行业信息披露监管的实施，企业股价同步性下降，企业债务融资成本降低。由于模型中系数 κ_1、α_1 和 θ_2 都显著，同时 θ_1 也显著，表明分行业信息披露监管降低了股价同步性，进而降低了债务融资成本，支持了 H6-1。

表 6-2 分行业信息披露监管、股价同步性与债务融资成本

变量	（1）	（2）	（3）
	COST1	SYN	COST1
TREAT×POST	-0.0636^{***}	-0.0902^{***}	-0.0619^{***}
	(-2.901)	(-4.006)	(-2.820)
SYN			0.0191^{*}
			(1.862)
TURN	-0.0153	-0.0251^{**}	-0.0148
	(-1.393)	(-2.227)	(-1.349)
SIZE	0.0381^{*}	0.1945^{***}	0.0344
	(1.694)	(8.415)	(1.523)
LEV	0.2769^{***}	-0.0687^{***}	0.2782^{***}
	(18.640)	(-4.505)	(18.710)
BIG4	0.0082	-0.0099	0.0084
	(0.579)	(-0.680)	(0.592)
TOP1	-0.0382^{**}	-0.0203	-0.0378^{**}
	(-2.465)	(-1.275)	(-2.440)
DUAL	-0.0249^{***}	-0.0160	-0.0246^{**}
	(-2.591)	(-1.619)	(-2.559)
BSIZE	0.0132	0.0058	0.0130
	(1.127)	(0.482)	(1.118)

续表

变量	（1）	（2）	（3）
	COST1	SYN	COST1
SOE	−0.0067 （−0.266）	−0.0413 （−1.587）	−0.0060 （−0.235）
VIOLATE	0.0230*** （3.284）	−0.0072 （−1.007）	0.0231*** （3.304）
INQUIRY	0.0254*** （3.670）	−0.0241*** （−3.391）	0.0258*** （3.735）
HHI	−0.0326*** （−2.811）	0.0052 （0.439）	−0.0327*** （−2.820）
CONS	−0.1132*** （−4.687）	−0.2006*** （−8.090）	−0.1094*** （−4.512）
YEAR/FIRM	YES	YES	YES
N	11749	11749	11749
Within R^2	0.1107	0.3288	0.1111

　　表6-3报告了分行业信息披露监管、股价同步性与权益融资成本关系的检验结果。模型（6-2）的回归结果见第（1）列，TREAT×POST的系数在1%的水平下显著为负，说明分行业信息披露监管降低了企业权益融资成本。模型（4-3）的回归结果见第（2）列，TREAT×POST的系数在1%的水平下显著为负，说明分行业信息披露监管降低了股价同步性。模型（6-3）的回归结果见第（3）列，TREAT×POST的系数在1%的水平下显著为负，且股价同步性（SYN）的系数在5%的水平下显著为正，说明分行业信息披露监管降低股价同步性后，企业权益融资成本降低，即随着分行业信息披露监管的实施，企业股价同步性下降，企业权益融资成本降低。由于模型中系数 κ_1、α_1 和 θ_2 都显著，同时 θ_1 也显著，表明分行业信息披露监管降低了股价同步性，进而降低了权益融资成本，支持了H6-2。

表6-3 分行业信息披露监管、股价同步性与权益融资成本

变量	(1)	(2)	(3)
	R_PEG	SYN	R_PEG
TREAT×POST	−0.1857***	−0.1091***	−0.1772***
	(−5.121)	(−2.882)	(−4.865)
SYN			0.0318**
			(2.350)
TURN	−0.0745***	−0.0168	−0.0738***
	(−4.242)	(−0.979)	(−4.201)
SIZE	−0.1040***	0.2223***	−0.1023***
	(−2.807)	(5.152)	(−2.764)
LEV	0.1522***	−0.0588**	0.1527***
	(5.481)	(−2.158)	(5.503)
BIG4	0.0340	0.0045	0.0340
	(1.443)	(0.195)	(1.443)
TOP1	0.0423	−0.0069	0.0407
	(1.463)	(−0.243)	(1.406)
DUAL	−0.0074	−0.0249	−0.0067
	(−0.419)	(−1.454)	(−0.380)
BSIZE	−0.0029	0.0033	−0.0041
	(−0.134)	(0.158)	(−0.191)
SOE	−0.0563	−0.0879*	−0.0538
	(−1.042)	(−1.669)	(−0.996)
VIOLATE	0.0153	0.0052	0.0151
	(1.193)	(0.415)	(1.175)
INQUIRY	−0.0019	−0.0231*	−0.0005
	(−0.134)	(−1.670)	(−0.038)
HHI	0.0035	−0.0047	0.0036
	(0.166)	(−0.227)	(0.168)
CONS	0.3988***	−0.2853***	0.3921***
	(14.283)	(−5.620)	(13.979)
YEAR/FIRM	YES	YES	YES
N	7998	7998	7998
Within R^2	0.1620	0.2887	0.1629

（三）分行业信息披露监管、股价同步性与投资效率

表6-4报告了分行业信息披露监管、股价同步性与投资效率关系的检验结果。模型（6-2）的回归结果见第（1）列，TREAT×POST 的系数在5%的水平下显著为负，说明分行业信息披露监管降低了企业非效率投资，提升了企业投资效率。模型（4-3）的回归结果见第（2）列，TREAT×POST 的系数在1%的水平下显著为负，说明分行业信息披露监管降低了股价同步性。模型（6-3）的回归结果见第（3）列，TREAT×POST 的系数在5%的水平下显著为负，且股价同步性（SYN）的系数在1%的水平下显著为正，说明分行业信息披露监管降低股价同步性后，非效率投资降低，即随着分行业信息披露监管的实施，企业股价同步性下降，投资效率提升。由于模型中系数 κ_1、α_1 和 θ_2 都显著，同时 θ_1 也显著，表明分行业信息披露监管降低了股价同步性，进而降低了企业非效率投资，提升了企业投资效率，支持了 H6-3。

表6-4　分行业信息披露监管、股价同步性与投资效率

变量	（1） INEFFI	（2） SYN	（3） INEFFI
TREAT×POST	-0.0762^{**} （-2.089）	-0.1245^{***} （-3.708）	-0.0825^{**} （-2.264）
SYN			0.0677^{***} （5.213）
TURN	0.0461^{***} （2.862）	-0.0537^{***} （-3.744）	0.0414^{**} （2.571）
SIZE	0.2063^{***} （5.557）	0.2074^{***} （6.149）	0.2211^{***} （5.948）
LEV	0.0245 （1.027）	-0.0754^{***} （-3.569）	0.0192 （0.804）
BIG4	-0.0238 （-0.970）	-0.0145 （-0.668）	-0.0247 （-1.010）

续表

变量	（1）	（2）	（3）
	INEFFI	SYN	INEFFI
TOP1	0.0776*** （2.849）	−0.0321 （−1.328）	0.0757*** （2.784）
DUAL	0.0469*** （2.858）	−0.0162 （−1.119）	0.0458*** （2.799）
BSIZE	−0.0236 （−1.144）	0.0091 （0.499）	−0.0231 （−1.119）
SOE	−0.0424 （−0.961）	−0.0952** （−2.440）	−0.0494 （−1.123）
VIOLATE	−0.0081 （−0.675）	0.0004 （0.033）	−0.0080 （−0.668）
INQUIRY	−0.0263** （−2.221）	−0.0278*** （−2.624）	−0.0278** （−2.350）
HHI	−0.0267 （−1.296）	−0.0107 （−0.590）	−0.0274 （−1.331）
CONS	−0.0889*** （−3.284）	−0.2154*** （−6.020）	−0.0959*** （−3.546）
YEAR/FIRM	YES	YES	YES
N	9989	9989	9989
Within R^2	0.0278	0.2937	0.0314

四、稳健性和内生性检验

（一）稳健性检验

1. 关键变量替换检验

与第四章相同，本章采用更换因变量度量方法的方式进行稳健性检验。首先，关于债务融资成本，借鉴张伟华等（2018）的研究，采用净财务费用与负债的比例衡量债务融资成本（COST2），即等于利息支出、手续费支出和其他财务费用之和与负债的比值，该指标数值越大，说明企业债务融资成本越高。表6-5中第（1）列为更换债务融资成本衡量方式的回归结果，可以看到 TREAT×POST 的系数在5%的水平下显著为负，说明分行业信息披露监管降低了企业债务融资成本，再次支持了 H6-1。

其次，关于权益融资成本，借鉴毛新述等（2012）的研究，采用 MPEG 模型计算企业权益资本成本（R_MPEG）。

$$R\_MPEG = \sqrt{\frac{EPS_{t+2}+MPEG×DPS_{t+1}-EPS_{t+1}}{P_t}} \tag{6-4}$$

式中，EPS_{t+2}、EPS_{t+1} 分别为 t+2、t+1 期末的每股盈余，DPS_{t+1} 为 t+1 期末的每股股利，P_t 为 t 期末的股价。表6-5中第（2）列为更换权益融资成本衡量方式的回归结果，可以看到 TREAT×POST 的系数在1%的水平上显著为负，说明分行业信息披露监管降低了企业权益融资成本，再次支持了 H6-2。

最后，关于投资效率，借鉴 Biddle 等（2009）、代昀昊和孔东民（2017）的研究，使用企业投资对成长机会的回归模型来估计企业的投资效率。回归模型如下：

$$INV_{i,t} = \zeta_0 + \zeta_1 SALESGROWTH_{i,t-1} + \varepsilon_{i,t} \tag{6-5}$$

式中，因变量 $INV_{i,t}$ 为企业当年新增资本投资额，INV＝（购建固定资产、无形资产和其他长期资产支付的现金-处置固定资产、无形资产和其他长期资产收回的现金净额）/期初总资产。$SALESGROWTH_{i,t-1}$ 是销售收入从 t-1 年到第 t 年变化的百分比。对模型（6-5）进行分年度分行业估计，并要求每年每个行业的观测值数大于等于20，回归估计得到的残差绝对值作为投资效率的替代指标（INEFFI1）。表6-5中第（3）列为更换投资效率衡量方式的回归结果，可以看到 TREAT×POST 的系数在5%的水平下显著为负，说明分行业信息披露监管降低了企业非效率投资，再次支持了 H6-3。

表 6-5　更换被解释变量度量的稳健性检验

变量	（1）	（2）	（3）
	COST2	R_MPEG	INEFFI1
TREAT×POST	−0. 0429 **	−0. 0922 ***	−0. 0654 **
	（−1. 962）	（−4. 421）	（−2. 246）
TURN	−0. 0174 *	−0. 0376 ***	0. 0326 ***
	（−1. 650）	（−3. 841）	（2. 726）
SIZE	0. 0377 *	−0. 0462 **	0. 0208
	（1. 733）	（−2. 151）	（0. 726）
LEV	0. 2426 ***	0. 0142	0. 0833 ***
	（17. 526）	（0. 909）	（4. 105）
BIG4	0. 0060	0. 0158	−0. 0230
	（0. 424）	（1. 179）	（−1. 079）
TOP1	−0. 0524 ***	0. 0344 **	0. 1183 ***
	（−3. 210）	（2. 047）	（5. 175）
DUAL	−0. 0266 ***	0. 0024	0. 0372 ***
	（−2. 766）	（0. 231）	（2. 611）
BSIZE	0. 0015	0. 0159	0. 0155
	（0. 107）	（1. 291）	（0. 882）
SOE	−0. 0075	−0. 0587 *	−0. 0242
	（−0. 301）	（−1. 814）	（−0. 631）
VIOLATE	0. 0277 ***	0. 0053	−0. 0238 **
	（3. 997）	（0. 718）	（−2. 289）
INQUIRY	0. 0241 ***	−0. 0024	−0. 0153
	（3. 522）	（−0. 289）	（−1. 507）
HHI	−0. 0297 ***	0. 0136	−0. 0139
	（−2. 578）	（1. 116）	（−0. 786）
CONS	−0. 1443 ***	0. 2083 ***	−0. 0196
	（−5. 998）	（12. 726）	（−1. 589）
YEAR/FIRM	YES	YES	YES
N	11490	7624	9989
Within R^2	0. 1144	0. 2106	0. 0382

注：由于个别变量缺失，导致替换被解释变量时样本量有损失。

2. 替换样本

参照前文做法，考虑到新冠疫情可能会影响企业的投融资行为，从而影响本章结论稳健性。因此，剔除2019~2020年样本重新进行回归，结果如表6-6所示。其中，第（1）列TREAT×POST的系数在1%水平下显著为负，说明分行业信息披露监管降低了企业债务融资成本的结论比较稳健。第（2）列TREAT×POST的系数在5%水平下显著为负，说明分行业信息披露监管降低了企业权益融资成本的结论也较为稳健。第（3）列TREAT×POST的系数在5%水平下显著为负，说明分行业信息披露监管提升了企业投资效率的结论也较为稳健。

表6-6 替换样本的稳健性检验

变量	（1）	（2）	（3）
	COST	R_PEG	INEFFI
TREAT×POST	−0.0751***	−0.0997**	−0.0978**
	（−2.933）	（−2.337）	（−2.226）
TURN	0.0007	−0.0474**	0.0885***
	（0.063）	（−2.440）	（4.940）
SIZE	−0.0113	0.1618***	0.3827***
	（−0.411）	（3.646）	（7.995）
LEV	0.2373***	0.0847***	0.0231
	（13.217）	（2.682）	（0.752）
BIG4	0.0070	0.0494*	0.0098
	（0.384）	（1.733）	（0.299）
TOP1	−0.0089	0.0431	0.0874**
	（−0.459）	（1.242）	（2.431）
DUAL	−0.0378***	−0.0176	0.0592***
	（−3.236）	（−0.879）	（2.777）
BSIZE	0.0009	−0.0441*	−0.0164
	（0.062）	（−1.777）	（−0.611）
SOE	−0.0476	−0.0371	−0.0658
	（−1.343）	（−0.539）	（−0.996）

续表

变量	(1)	(2)	(3)
	COST	R_PEG	INEFFI
VIOLATE	0.0178 ** (2.169)	0.0062 (0.434)	−0.0186 (−1.238)
INQUIRY	−0.0058 (−0.587)	−0.0086 (−0.459)	−0.0161 (−0.884)
HHI	−0.0348 ** (−2.520)	0.0278 (1.167)	−0.0289 (−1.103)
CONS	0.0081 (0.597)	0.5943 *** (21.060)	0.0016 (0.079)
YEAR/FIRM	YES	YES	YES
N	9211	6605	7587
Within R^2	0.1049	0.2176	0.0277

3. 变更 PSM 匹配比例

参照第四章的做法，改变 PSM 匹配比例进行稳健性检验。表6-7 中第（1）和第（2）列为变更 PSM 匹配比例后分行业信息披露监管对企业债务融资成本影响的检验结果。第（1）列和第（2）列为分别采用 1∶2 和1∶4 进行近邻有放回的匹配样本，可以看到 TREAT×POST 的系数均在 1%的水平下显著为负，说明改变匹配比例后，分行业信息披露监管降低企业债务融资成本的结论依然稳健。第（3）列和第（4）列为变更 PSM 匹配比例后分行业信息披露监管对企业权益融资成本影响的检验结果。可以看到 TREAT×POST 的系数均在 1%的水平下显著为负，说明改变匹配比例后，分行业信息披露监管降低企业权益融资成本的结论依然稳健。第（5）列和第（6）列为变更 PSM 匹配比例后分行业信息披露监管对企业投资效率影响的检验结果。可以看到 TREAT×POST 的系数至少在 5%的水平下显著为负，说明改变匹配比例后，分行业信息披露监管提升企业投资效率的结论依然稳健。H6-1、H6-2 和 H6-3 进一步得到经验证据的支持。

表6-7 更换 PSM 匹配比例的稳健性检验

变量	（1）	（2）	（3）	（4）	（5）	（6）
	PSM1：2	PSM1：4	PSM1：2	PSM1：4	PSM1：2	PSM1：4
	COST1	COST1	R_PEG	R_PEG	INEFFI	INEFFI
TREAT×POST	-0.0548***	-0.0562***	-0.1846***	-0.1842***	-0.0741**	-0.0769***
	（-2.770）	（-3.021）	（-6.185）	（-6.614）	（-2.367）	（-2.709）
TURN	-0.0126	-0.0130*	-0.0747***	-0.0755***	0.0289**	0.0217*
	（-1.632）	（-1.897）	（-5.677）	（-6.531）	（2.238）	（1.945）
SIZE	0.0136	0.0092	-0.0933***	-0.0931***	0.2074***	0.2359***
	（0.745）	（0.568）	（-3.317）	（-3.771）	（6.906）	（9.125）
LEV	0.2468***	0.2426***	0.1448***	0.1422***	0.0228	0.0077
	（21.392）	（23.770）	（7.134）	（7.995）	（1.177）	（0.468）
BIG4	0.0185	0.0136	0.0156	0.0182	-0.0188	-0.0144
	（1.448）	（1.195）	（0.832）	（1.102）	（-0.898）	（-0.800）
TOP1	-0.0451***	-0.0542***	0.0440*	0.0549***	0.0700***	0.0877***
	（-3.295）	（-4.429）	（1.948）	（2.777）	（3.143）	（4.569）
DUAL	-0.0012	0.0028	-0.0109	-0.0095	0.0487***	0.0277**
	（-0.143）	（0.375）	（-0.799）	（-0.787）	（3.619）	（2.389）
BSIZE	0.0069	-0.0105	0.0092	0.0120	-0.0148	-0.0101
	（0.670）	（-1.128）	（0.552）	（0.805）	（-0.872）	（-0.681）
SOE	-0.0050	0.0143	-0.0814**	-0.0709**	-0.0839**	-0.0954***
	（-0.230）	（0.765）	（-1.971）	（-2.019）	（-2.369）	（-3.216）
VIOLATE	0.0197***	0.0182***	0.0092	0.0086	0.0063	0.0086
	（3.226）	（3.324）	（0.919）	（0.971）	（0.632）	（1.001）
INQUIRY	0.0295***	0.0312***	0.0052	-0.0011	-0.0159	-0.0267***
	（4.875）	（5.750）	（0.468）	（-0.110）	（-1.629）	（-3.167）
HHI	-0.0506***	-0.0570***	-0.0017	-0.0002	-0.0371**	-0.0355**
	（-4.981）	（-6.210）	（-0.105）	（-0.010）	（-2.187）	（-2.421）
CONS	-0.0985***	-0.1002***	0.3793***	0.3745***	-0.1019***	-0.1045***
	（-4.757）	（-5.598）	（17.277）	（19.428）	（-4.714）	（-5.870）
YEAR/FIRM	YES	YES	YES	YES	YES	YES
N	16933	21658	11594	14638	14360	18286
Within R^2	0.0986	0.0901	0.1563	0.1510	0.0266	0.0261

（二） 内生性检验

1. 平行趋势假设检验

同第四章，双重差分模型估计结果无偏的重要前提是处理组与对照组对因变量的影响在事件发生前呈现平行趋势（Roberts 和 Whited，2013）。因此，借鉴 Serfling（2016）的做法，进行平行趋势假定检验。设立 BEFORE2、BEFORE1 为行业信息披露指引实施的前 2 年和前 1 年的虚拟变量，相应地，CURRENT 代表行业信息披露指引实施当年，AFTER1 和 AFTER2 分别为行业信息披露指引实施后 1 年和 2 年的虚拟变量。如果样本满足平行趋势假设，且分行业信息披露监管可以降低企业融资成本和非效率投资，那么本书预期 TREAT×BEFORE2 和 TREAT×BEFORE1 估计系数不显著，但 TREAT×CURRENT、TREAT×AFTER1 和 TREAT×AFTER2 估计系数至少有一个显著为负。

表 6-8 为平行趋势假设检验结果。其中，第（1）列以因变量债务融资成本（COST1）的回归结果显示，TREAT×BEFORE2 和 TREAT×BEFORE1 估计系数不显著，但 TREAT × CURRENT、TREAT × AFTER1 和 TREAT×AFTER2 估计系数至少在 5% 水平下显著为负，说明处理组和对照组在分行业信息披露监管实施前满足平行趋势假设，即双重差分模型的平行趋势前提假设得到满足，也再次验证了分行业信息披露监管显著降低了企业债务融资成本。第（2）列以因变量权益融资成本（R_PEG）的回归结果显示，TREAT×BEFORE2 和 TREAT×BEFORE1 估计系数不显著，而 TREAT×CURRENT 的估计系数在 5% 的水平下显著为负，说明处理组和对照组在分行业信息披露监管实施前满足平行趋势假设，即双重差分模型的平行趋势前提假设得到满足，也再次验证了分行业信息披露监管显著降低了企业权益融资成本。第（3）列以因变量投资效率（INEFFI）的回归结果显示，TREAT×BEFORE2 和 TREAT×BEFORE1 估计系数均不显著，而 TREAT×CURRENT 的估计系数在 5% 的水平下显著为负，说明处理组和对照组在分行业信息披露监管实施前满足平行趋势假设，即双重差分模型的

平行趋势前提假设得到满足，再次验证了分行业信息披露监管显著提高了企业投资效率。

表 6-8　平行趋势假设检验

变量	（1）	（2）	（3）
	COST1	R_PEG	INEFFI
TREAT×BEFORE2	0.0227 （0.641）	−0.0432 （−0.945）	−0.0028 （−0.076）
TREAT×BEFORE1	−0.0032 （−0.084）	−0.0760 （−1.441）	−0.0544 （−1.080）
TREAT×CURRENT	−0.0675** （−2.208）	−0.0901** （−2.006）	−0.0800** （−2.135）
TREAT×AFTER1	−0.1350*** （−3.869）	−0.0423 （−0.886）	−0.0293 （−0.714）
TREAT×AFTER2	−0.1078*** （−3.492）	−0.0582 （−1.219）	−0.0700 （−1.644）
TURN	−0.0554*** （−5.517）	−0.0954*** （−5.983）	0.0436*** （3.514）
SIZE	0.0556*** （2.783）	0.1655*** （5.070）	0.1019*** （3.623）
LEV	0.2445*** （15.759）	0.1022*** （4.721）	0.0328* （1.672）
BIG4	0.0054 （0.342）	0.0344** （2.051）	−0.0142 （−0.721）
TOP1	−0.0298* （−1.766）	−0.0334 （−1.616）	0.0650*** （3.014）
DUAL	−0.0250** （−2.351）	−0.0099 （−0.794）	0.0324** （2.455）
BSIZE	0.0119 （0.929）	−0.0281* （−1.852）	0.0039 （0.242）
SOE	−0.0082 （−0.290）	−0.0813** （−2.110）	−0.0315 （−0.887）
VIOLATE	0.0277*** （3.569）	0.0073 （0.793）	−0.0169* （−1.741）

变量	(1)	(2)	(3)
	COST1	R_PEG	INEFFI
INQUIRY	0.0235***	0.0194*	−0.0113
	(3.118)	(1.914)	(−1.181)
HHI	−0.0254**	0.0069	−0.0240
	(−1.972)	(0.456)	(−1.446)
CONS	−0.0520***	−0.2522***	0.0998***
	(−3.610)	(−8.720)	(4.678)
YEAR/FIRM	YES	YES	YES
N	11749	7998	9989
Within R²	0.1174	0.2115	0.0387

2. 安慰剂检验

本章前文研究结论可能由于存在其他无法观测且随时间变化的随机因素影响估计结果。为了控制这些因素的影响，同第四章，首先，改变分行业信息披露监管的实施时间进行反事实检验。具体地，将分行业信息披露监管实施的年份设定为提前一年和提前两年，并构建虚假时期的虚拟变量POST1和POST2。表6-9中第（1）列和第（2）列为针对分行业信息披露监管对企业债务融资成本影响检验的构建虚假时期的安慰剂检验结果，结果显示，TREAT×POST1和TREAT×POST2的系数回归结果都不显著，说明债务融资成本的降低仅发生在分行业信息披露监管后，再次证实了H6-1。同样地，第（3）列和第（4）列为针对分行业信息披露监管对权益融资成本影响检验的构建虚假时期的安慰剂检验结果，结果显示，TREAT×POST1和TREAT×POST2的系数回归结果不显著，说明权益融资成本的降低仅发生在分行业信息披露监管后，证实了分行业信息披露监管对降低权益融资成本发挥效应的稳健性。同理，第（5）列和第（6）列为针对分行业信息披露监管对投资效率影响检验的构建虚假时期的安慰剂检验结果，结果显示，TREAT×POST1和TREAT×POST2的系数回归结果不显著，说明投资效率的提升仅发生在分行业信息披露监管后，证实了分行业信息披露监管对提升企业投资效率发挥效应的稳健性，再次证实了 H6-3。

表 6-9　构建虚假时期的安慰剂检验结果

变量	(1)	(2)	(3)	(4)	(5)	(6)
	COST1	COST1	R_PEG	R_PEG	INEFFI	INEFFI
TREAT×POST1	0.0453 (1.283)		-0.0463 (-0.895)		-0.0599 (-1.083)	
TREAT×POST2		0.0515 (1.546)		-0.0758 (-1.582)		0.0591 (1.152)
TURN	-0.0155 (-1.563)	-0.0157 (-1.589)	-0.0639*** (-3.833)	-0.0634*** (-3.804)	0.0304** (1.970)	0.0296* (1.914)
SIZE	0.1190*** (5.331)	0.1183*** (5.299)	0.2774*** (6.783)	0.2790*** (6.825)	0.2828*** (7.675)	0.2828*** (7.674)
LEV	0.1555*** (12.604)	0.1555*** (12.604)	0.0634*** (3.026)	0.0633*** (3.022)	0.0180 (0.776)	0.0180 (0.772)
BIG4	0.0031 (0.196)	0.0032 (0.204)	0.0404* (1.751)	0.0405* (1.755)	-0.0205 (-0.842)	-0.0207 (-0.851)
TOP1	-0.0364** (-2.086)	-0.0368** (-2.107)	-0.0315 (-1.102)	-0.0316 (-1.103)	0.0619** (2.309)	0.0614** (2.293)
DUAL	-0.0311*** (-2.882)	-0.0314*** (-2.909)	-0.0134 (-0.775)	-0.0128 (-0.742)	0.0443*** (2.723)	0.0440*** (2.706)
BSIZE	0.0045 (0.340)	0.0046 (0.349)	-0.0469** (-2.243)	-0.0473** (-2.260)	-0.0403** (-1.995)	-0.0408** (-2.019)
SOE	0.0130 (0.457)	0.0129 (0.453)	-0.0587 (-1.107)	-0.0591 (-1.116)	-0.0283 (-0.647)	-0.0275 (-0.627)
VIOLATE	0.0265*** (3.366)	0.0266*** (3.386)	0.0136 (1.079)	0.0130 (1.034)	-0.0140 (-1.165)	-0.0137 (-1.142)
INQUIRY	0.0299*** (3.844)	0.0300*** (3.856)	0.0247* (1.768)	0.0247* (1.771)	-0.0062 (-0.519)	-0.0062 (-0.522)
HHI	-0.0387*** (-2.969)	-0.0388*** (-2.970)	-0.0025 (-0.122)	-0.0027 (-0.129)	-0.0264 (-1.293)	-0.0269 (-1.316)

续表

变量	（1）	（2）	（3）	（4）	（5）	（6）
	COST1	COST1	R_PEG	R_PEG	INEFFI	INEFFI
CONS	-0.1629***	-0.1627***	-0.2508***	-0.2522***	-0.2816***	-0.2810***
	（-7.058）	（-7.053）	（-5.565）	（-5.596）	（-8.466）	（-8.448）
YEAR/FIRM	YES	YES	YES	YES	YES	YES
N	11749	11749	7998	7998	9989	9989
Within R²	0.0833	0.0833	0.1934	0.1936	0.0427	0.0427

其次，借鉴孙雪娇等（2019）的方法，随机生成受分行业信息披露监管政策影响的样本，然后使用新生成的处理组和对照组样本对模型（6-2）进行回归，此过程重复 500 次。结果如表 6-10、图 6-2 至图 6-4 所示。图 6-2 是因变量为债务融资成本时的结果，图 6-3 为因变量为权益融资成本的结果，图 6-4 为因变量为投资效率的结果。从图和表可以看出，系数显著为正和显著为负的占比较小，在一定程度上缓解了由于其他无法观测因素造成的估计偏差，再一次验证了分行业信息披露监管能够降低企业债务融资成本、权益融资成本和提升企业投资效率的结论。

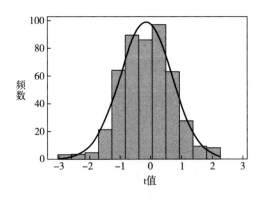

图 6-2　因变量为债务融资成本随机模拟 500 次检验结果

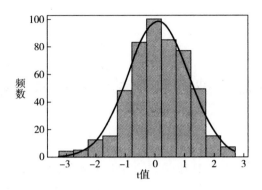

图 6-3　因变量为权益融资成本随机模拟 500 次检验结果

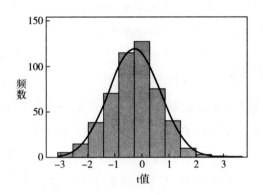

图 6-4　因变量为投资效率随机模拟 500 次检验结果

表 6-10　虚拟处理效应回归结果的统计分布

变量		N	均值	5%分位	25%分位	中位数	75%分位	95%分位	标准差
COST1	系数	500	-0.0027	-0.0269	-0.0139	-0.0022	0.0080	0.0241	0.0161
	t 值	500	-0.140	-1.422	-0.732	-0.118	0.424	1.276	0.848
R_PEG	系数	500	0.0038	-0.0455	-0.0133	0.0024	0.0247	0.0475 *	0.0288
	t 值	500	0.133	-1.590	-0.469	0.086	0.867	1.673	1.012
INEFFI	系数	500	-0.0047	-0.0320 *	-0.0146	-0.0041	0.0056	0.0207	0.0161
	t 值	500	-0.276	-1.904	-0.870	-0.242	0.331	1.235	0.953

五、分行业信息披露监管对融资成本影响的异质性

前面证实了分行业信息披露监管降低了股价同步性，提升了资本市场定价效率，从而降低了企业融资成本。而企业融资成本会由于其产权性质差异、所处地区的市场化程度和经济政策不确定性存在差异。因此，本节考虑企业产权性质、企业所处地区的市场化程度和经济政策不确定性的差异来检验分行业信息披露监管对企业融资成本影响的差异。

（一）产权性质

产权制度作为我国重要的制度安排，会对分行业信息披露监管与融资成本之间的关系产生深刻的影响。在我国特有的关系型社会下，由于所有权性质的特殊差异，国有企业比非国有企业拥有更多的资产、信誉、政府支持和政治关系，这使它们能够以较低的价格获得生产经营活动所需的资金；相反，非国有企业由于政府支持和政治关系有限，融资成本高昂。此外，孙铮等（2006）研究发现，上市公司的所有权性质会影响会计信息的契约有用性，由于政府对国有企业的各种优惠政策在一定程度上可以被视为为国有企业提供了隐性担保，国有企业的会计信息在融资契约中的有用性要弱于非国有企业。因此，当面临分行业信息披露监管时，政策变化对国有企业融资成本的降低效应要小于非国有企业。据此，本书推测在非国有企业样本中，分行业信息披露监管更能显著降低企业债务融资成本和权益融资成本。

鉴于上述分析，根据企业产权性质将样本分为国企和非国企两组，对模型（6-2）进行回归。回归结果如表6-11所示。第（1）列国有企业样本组中，TREAT×POST的系数为负但不显著，而在第（2）列非国有企业样本组中，TREAT×POST的系数在5%的水平下显著为负，且比较两列中

TREAT×POST 的系数的绝对值，发现国有企业样本组中 TREAT×POST 的系数的绝对值小于非国有企业样本组中的系数绝对值，且两组 TREAT×POST 的组间系数差异值未显著异于 0，在一定程度上，该结果可以说明在非国有企业样本组中，分行业信息披露监管更可能降低企业债务融资成本。在第（3）列国有企业样本组中，TREAT×POST 的系数为负但不显著，而在第（4）列非国有企业样本组中，TREAT×POST 的系数在 1% 的水平下显著为负，且比较两列中 TREAT×POST 的系数的绝对值，发现国有企业样本组中 TREAT×POST 的系数的绝对值小于非国有企业样本组中的系数绝对值，且两组 TREAT×POST 的组间系数差异值在 10% 的水平下显著异于 0，说明在非国有企业样本组中，分行业信息披露监管更可能降低企业权益融资成本。总之，在非国有企业样本组中，分行业信息披露监管更能显著降低企业融资成本。

表 6-11 考虑产权性质差异的回归结果

变量	（1）	（2）	（3）	（4）
	国有企业	非国有企业	国有企业	非国有企业
	COST1	COST1	R_PEG	R_PEG
TREAT×POST	−0.0743	−0.0891**	−0.0298	−0.1395***
	（−1.577）	（−2.205）	（−0.439）	（−3.218）
TURN	−0.0214	−0.0086	−0.0465	−0.0717***
	（−0.962）	（−0.579）	（−1.182）	（−3.771）
SIZE	−0.0026	0.0430	0.2131***	−0.0682
	（−0.029）	（0.819）	（2.684）	（−1.507）
LEV	0.2438***	0.2750***	0.1749***	0.0713**
	（6.274）	（7.368）	（3.265）	（2.152）
BIG4	0.0073	−0.0231	0.0609*	−0.0225
	（0.332）	（−0.631）	（1.847）	（−0.644）
TOP1	−0.0071	−0.0461	−0.0002	0.0347
	（−0.132）	（−1.242）	（−0.005）	（0.926）
DUAL	0.0024	−0.0416***	−0.0235	−0.0183
	（0.102）	（−2.604）	（−0.646）	（−0.929）

续表

变量	（1）	（2）	（3）	（4）
	国有企业	非国有企业	国有企业	非国有企业
	COST1	COST1	R_PEG	R_PEG
BSIZE	0.0145 （0.485）	0.0012 （0.047）	−0.0861** （−2.406）	0.0120 （0.443）
VIOLATE	0.0116 （0.659）	0.0184* （1.709）	−0.0244 （−0.971）	0.0285* （1.954）
INQUIRY	0.0174 （1.210）	0.0183* （1.693）	0.0330 （1.156）	−0.0076 （−0.474）
HHI	−0.0205 （−0.654）	−0.0355 （−1.493）	0.0661* （1.733）	−0.0231 （−0.925）
CONS	−0.1513** （−1.998）	−0.0247 （−0.629）	−0.5253*** （−4.655）	0.4591*** （12.767）
YEAR/FIRM	YES	YES	YES	YES
N	4622	7127	2989	5009
Within R^2	0.1397	0.0833	0.1791	0.1978
系数差异检验	chi2（1）= 0.18 Prob>chi2 = 0.6729		chi2（1）= 2.87 Prob>chi2 = 0.0905	

（二）市场化程度

市场化程度作为重要的制度环境，会影响企业信息环境，进而影响分行业信息披露监管与企业融资成本之间的关系。一方面，当市场化程度较高时，监管部门的执法效率相对较高，企业所面临的违规成本和诉讼风险较高，为避免产生这些负面成本，企业管理层会披露更高质量的信息，投资者或债权人与企业间的信息不对称程度较低。另一方面，市场化程度较高的地区，投资者保护程度较高，投资者的维权意识较高，他们可以通过多样化的监督途径向企业管理层施压，从而提升企业信息透明度。因此，当企业所处地区的市场化程度较高时，债权人或投资者与公司的信息不对称程度较低（孙彤等，2020），因而分行业信息披露监管对企业融资成本发挥效应的作用有限。相反，当企业所处地区的市场化程度较低时，债权人或投资者与企业信息不对称程度较高，分行业信息披露监管对企业融资成本发挥效应的作用更显著。据此，本书推测，在市场化程度较低的地区，分行业信息披露监管更能降低企业债务融资成本和权益融资成本。

鉴于上述讨论，根据王小鲁等（2021）的市场化程度指数均值将样本分为两组，对模型（6-2）进行回归。回归结果如表6-12所示。其中，第（1）列当市场化程度较低时，TREAT×POST的系数在1%的水平下显著为负，在第（2）列市场化程度较高时，TREAT×POST的系数也在1%的水平上显著为负，且其系数绝对值低于第（1）列的系数绝对值，TREAT×POST的组间系数差异值显著异于0，说明当企业所在地的市场化程度较低时，分行业信息披露监管更可能降低企业债务融资成本。第（3）列市场化程度较低时，TREAT×POST的系数在1%的水平下显著为负，在第（4）列市场化程度较高时，TREAT×POST的系数也在1%的水平下显著为负，且其系数绝对值低于第（3）列的系数绝对值，TREAT×POST的组间系数差异值显著异于0，说明当企业所在地的市场化程度较低时，分行业信息披露监管更可能降低企业权益融资成本。总之，当市场化程度较低时，分行业信息披露监管更能降低企业的融资成本。

表6-12　考虑市场化程度差异的检验结果

变量	（1）	（2）	（3）	（4）
	市场化程度低	市场化程度高	市场化程度低	市场化程度高
	COST1	COST1	R_PEG	R_PEG
TREAT×POST	−0.1900*** （−5.737）	−0.0889*** （−2.611）	−0.1618*** （−3.850）	−0.1179*** （−3.155）
TURN	−0.0415*** （−2.866）	−0.0179 （−1.408）	−0.0882*** （−3.223）	−0.0786*** （−3.435）
SIZE	0.1695*** （6.220）	−0.0035 （−0.101）	−0.0619 （−1.367）	−0.0736* （−1.744）

续表

变量	（1）市场化程度低 COST1	（2）市场化程度高 COST1	（3）市场化程度低 R_PEG	（4）市场化程度高 R_PEG
LEV	0.1043 *** （6.690）	0.2888 *** （12.751）	0.1447 *** （4.136）	0.1246 *** （4.055）
BIG4	-0.0416 * （-1.658）	0.0506 ** （2.262）	0.0000 （0.000）	0.0000 （0.000）
TOP1	-0.0047 （-0.189）	-0.0706 *** （-2.723）	-0.0020 （-0.054）	-0.0192 （-0.541）
DUAL	0.0006 （0.034）	-0.0448 *** （-3.050）	-0.0269 （-1.289）	0.0155 （0.884）
BSIZE	0.0361 * （1.886）	-0.0054 （-0.285）	0.0350 （1.134）	-0.0374 （-1.282）
SOE	0.0366 （0.956）	-0.0774 （-1.617）	-0.1234 ** （-2.354）	-0.0108 （-0.150）
VIOLATE	0.0343 *** （2.930）	0.0155 （1.424）	0.0122 （0.853）	0.0087 （0.665）
INQUIRY	0.0299 *** （2.709）	0.0184 * （1.658）	0.0000 （0.000）	0.0000 （0.000）
HHI	-0.0134 （-0.670）	-0.0317 * （-1.777）	0.0079 （0.318）	0.0083 （0.392）
CONS	0.1072 *** （7.193）	-0.1704 *** （-4.441）	0.1722 *** （5.221）	0.2295 *** （9.321）
YEAR/FIRM	YES	YES	YES	YES
N	5562	6187	3657	4341
Within R^2	0.0383	0.1026	0.1499	0.2162
系数差异检验	chi2（1）= 2.90 Prob>chi2 = 0.0883		chi2（1）= 3.08 Prob>chi2 = 0.0795	

（三）经济政策不确定性

随着近年经济的下行压力，经济政策的不确定性极大地影响了企业的融资决策。已有研究显示，经济政策不确定性会降低股价信息含量，损害资本市场定价效率（王建新和丁亚楠，2022）。经济政策不确定性的增加恶化了企业未来业绩，降低了股价中反映信息的程度，从而增加了投资者和债权人从股价波动中评估企业未来业绩的难度。因此，在经济政策不确定性较高时，投资者将提高对到期回报率的要求，债权人将提高他们的贷款定价，导致企业融资成本增加（张琦等，2021）。相反，当经济政策不确定性低时，企业基本面信息可以较好地被股价捕捉到，内外部的信息不对称性低，融资成本也较低。换言之，当经济政策不确定性较低时，债权人或投资者与企业之间的信息不对称性较低，分行业信息披露监管对资本市场定价效率的影响有限，即对企业融资成本的边际影响较小。相反，当企业面临的经济政策不确定较高时，债权人或投资者与公司的信息不对称程度较高，分行业信息披露监管对企业融资成本发挥效应的作用更显著。据此，当经济政策不确定性较高时，分行业信息披露监管更能降低企业债务融资成本和权益融资成本。

鉴于上述讨论，借鉴李增福等（2022）的研究，使用 Baker 等（2016）开发的月度中国经济政策不确定性指数，构建年度中国经济政策不确定性数据。对当年 12 个月的指数取算术平均数得到中国经济政策不确定性指数的年度数据。根据经济政策不确定性指数均值将样本分为两组，对模型（6-2）进行回归，回归结果如表 6-13 所示。如第（1）列经济政策不确定性程度较高时，TREAT×POST 的系数在 5% 的水平下显著为负，而在第（2）列经济政策不确定性较低时，TREAT×POST 的系数为负但不显著，而TREAT×POST 的组间系数差异值显著异于 0，说明当企业面临的经济政策不确定性较高时，分行业信息披露监管更可能降低企业债务融资成本。同理，第（3）列经济政策不确定性程度较高时，TREAT×POST 的系数在5% 的水平下显著为负，而在第（4）列经济政策不确定性较低时，TREAT×POST 的系数为正，TREAT×POST 的组间系数差异值未能显著异于0，说明在一定程度上，当企业面临的经济政策不确定性较高时，分行业信息披露监管更可能降低企业权益融资成本。总之，当经济政策不确定性较高时，分行业信息披露监管更能降低企业融资成本。

表 6-13　考虑经济政策不确定性差异的检验结果

变量	（1）经济政策不确定性高	（2）经济政策不确定性低	（3）经济政策不确定性高	（4）经济政策不确定性低
	COST1	COST1	R_PEG	R_PEG
TREAT×POST	−0.0622 **	−0.0202	−0.1353 **	0.1662 *
	（−2.059）	（−0.353）	（−2.133）	（1.875）
TURN	−0.0312 **	−0.0439 **	−0.1277 ***	−0.0434 *
	（−2.158）	（−2.452）	（−4.253）	（−1.724）
SIZE	−0.0609	0.0363	−0.6373 ***	0.3188 ***
	（−1.358）	（0.788）	（−6.209）	（3.926）
LEV	0.1327 ***	0.0830 ***	0.3801 ***	0.0306
	（5.023）	（3.168）	（5.917）	（0.736）
BIG4	0.0137	0.0265	0.0024	0.0357
	（0.700）	（0.868）	（0.057）	（0.803）
TOP1	−0.0646 **	−0.0252	0.0052	−0.0231
	（−1.986）	（−0.775）	（0.073）	（−0.441）
DUAL	−0.0181	−0.0238	−0.0087	−0.0283
	（−1.381）	（−1.388）	（−0.278）	（−1.067）
BSIZE	−0.0049	−0.0442 *	0.0107	−0.0118
	（−0.241）	（−1.796）	（0.266）	（−0.351）
SOE	0.0422	0.0004	−0.2615 ***	−0.0767
	（1.244）	（0.009）	（−2.942）	（−0.824）
VIOLATE	0.0168 *	−0.0119	0.0320	0.0033
	（1.940）	（−1.001）	（1.592）	（0.179）
INQUIRY	0.0106	−0.0236	0.0069	−0.0520
	（1.610）	（−0.622）	（0.418）	（−0.821）
HHI	−0.0466 **	−0.0223	−0.1079 **	0.0307
	（−2.346）	（−1.118）	（−2.370）	（0.958）
CONS	−0.1108 ***	0.1345 ***	0.4803 ***	−0.5370 ***
	（−4.241）	（4.954）	（7.316）	（−12.165）
YEAR/FIRM	YES	YES	YES	YES
N	6009	5740	3770	4228

续表

变量	（1）	（2）	（3）	（4）
	经济政策不确定性高	经济政策不确定性低	经济政策不确定性高	经济政策不确定性低
	COST1	COST1	R_PEG	R_PEG
Within R^2	0.0313	0.1478	0.1507	0.2476
系数差异检验	chi2（1）= 3.11 Prob>chi2 = 0.0777		chi2（1）= 1.65 Prob>chi2 = 0.1983	

综上论述及实证检验，考虑企业产权性质、所在地区的市场化程度和经济政策不确定性的差异，发现当企业为非国有企业、企业所在地的市场化程度较低和企业面临的经济政策不确定性较高时，分行业信息披露监管更能显著降低企业融资成本。

六、分行业信息披露监管对投资效率影响的异质性

前文证实了分行业信息披露监管降低了股价同步性，从而提升了企业投资效率。而企业投资效率会由于其产权性质差异、所处地区的市场化程度和经济政策不确定性存在差异。因此，本节考虑企业产权性质、企业所处地区的市场化程度和经济政策不确定性的差异来检验分行业信息披露监管对企业投资效率影响的差异。

（一）区分投资过度与投资不足

从主回归结果可以看到，分行业信息披露监管实施后，企业非效率投资得到抑制，上市公司的投资效率得到改善。对于非效率投资的估计，参考 Riachardson（2006）的过度投资和投资不足两种情况。为了进一步检验分行业信息披露监管是否可以同时抑制过度投资和投资不足，参考陈志斌

和汪官镇（2020）将上市公司投资效率拆分为过度投资（OVERINV）和投资不足（UNDERINV）进行重新回归，结果如表6-14所示。从回归结果来看，分行业信息披露监管实施后，上市公司的过度投资和投资不足行为在一定程度上都得到了抑制，投资效率得到了改善，进一步验证了分行业信息披露监管对资本配置效率的积极效应。

表6-14　区分投资过度与投资不足的检验结果

变量	（1）	（2）
	OVERINV	UNDERINV
TREAT×POST	-0.1781* (-1.702)	-0.1024*** (-4.006)
TURN	0.0847* (1.851)	0.0243** (2.115)
SIZE	0.2768** (2.492)	0.0047 (0.175)
LEV	0.1960*** (2.859)	-0.0249 (-1.444)
BIG4	-0.0691 (-0.928)	0.0012 (0.065)
TOP1	0.1602** (2.027)	-0.0096 (-0.497)
DUAL	0.0906** (1.982)	0.0031 (0.260)
BSIZE	-0.0578 (-0.973)	0.0174 (1.182)
SOE	-0.1165 (-0.817)	-0.0146 (-0.489)
VIOLATE	-0.0329 (-0.956)	0.0193** (2.250)
INQUIRY	-0.1086*** (-3.142)	-0.0111 (-1.326)
HHI	-0.0982* (-1.690)	-0.0025 (-0.173)

续表

变量	(1)	(2)
	OVERINV	UNDERINV
CONS	0.0669 (0.909)	-0.1704*** (-9.183)
YEAR/FIRM	YES	YES
N	3719	6270
Within R^2	0.0513	0.0389

（二）产权性质

分行业信息披露监管对企业投资效率的提升作用可能会因为企业产权性质差异而表现不同。通常认为，国企股价同步性较高，一方面，是由于它具有通过其特殊的地位或关系更容易获得低息银行贷款或股权融资，且在市场不景气或自身财务状况存在问题时更容易获得政府救济的优势（唐松等，2011），导致其可能过度投资引致投资效率低下。另一方面，国有企业往往会因为承担着更多的就业、基建等社会责任，而导致管理层与股东之间的利益冲突增大，最终体现为投资效率低下。因此，相对于非国有企业而言，国有企业容易由于其面临的融资约束较低或代理问题严重而进行过度投资，而分行业信息披露监管要求其披露更多的行业经营性信息，从而降低了股价同步性，提升了资本市场定价效率。如此，投资者更便于获取公司信息，对企业管理层进行有效监督，改善其投资效率低下。相反，在非国有企业中，分行业信息披露监管更可能降低企业融资成本，从而缓解其投资不足，改善企业投资效率。

鉴于上述分析，根据企业产权性质将样本分为国有企业和非国有企业两组，对模型（6-2）进行回归。回归结果如表6-15所示。其中，第（1）列国有企业样本组中，TREAT×POST 的系数在5%的水平下显著为负，而在第（2）列非国有企业样本组中，TREAT×POST 的系数为负但不显著，且比较两列中 TREAT×POST 的系数的绝对值，发现国有企业样本组中的 TREAT×POST 的系数绝对值大于非国有企业样本组中 TREAT×POST 的系数绝对值，且两组 TREAT×POST 的组间系数差异值显著异于 0，说明在国有企业样本组中，分行业信息披露监管更可能提升企业投资效率。

表 6-15　区分产权性质的差异

变量	（1）国有企业 INEFFI	（2）非国有企业 INEFFI
TREAT×POST	−0. 1133 ** （−2. 245）	−0. 0479 （−0. 911）
TURN	0. 0458 * （1. 779）	0. 0533 ** （2. 480）
SIZE	0. 1228 ** （2. 270）	0. 2495 *** （4. 574）
LEV	0. 0234 （0. 672）	0. 0338 （0. 995）
BIG4	−0. 0687 ** （−2. 254）	0. 0178 （0. 439）
TOP1	−0. 0257 （−0. 679）	0. 1720 *** （4. 192）
DUAL	−0. 0134 （−0. 500）	0. 0764 *** （3. 490）
BSIZE	−0. 0927 *** （−3. 330）	0. 0278 （0. 885）
VIOLATE	−0. 0194 （−1. 051）	−0. 0029 （−0. 175）
INQUIRY	−0. 0053 （−0. 259）	−0. 0315 ** （−2. 034）
HHI	0. 0318 （1. 103）	−0. 0721 ** （−2. 410）
CONS	−0. 1792 *** （−3. 807）	0. 0970 ** （2. 294）
YEAR/FIRM	YES	YES

续表

变量	（1）	（2）
	国有企业	非国有企业
	INEFFI	INEFFI
N	4269	5720
Within R^2	0.0311	0.0370
系数差异检验	chi2（1）= 3.10 Prob>chi2 = 0.0785	

（三）市场化程度

我国不同地区的市场化进程不同，意味着市场在资源配置中的作用也因地域而存在差异，即分行业信息披露监管对企业投资效率的改善作用因企业所处地区的市场化程度而表现不同。与市场化程度较低的地区相比，市场化程度较高地区的企业拥有相对有利的竞争环境，市场在资源配置中的决定性作用更加明显，企业能否抓住投资机会和相关资源，主要取决于其在市场上的竞争力（唐松等，2011），管理层从股价中学习信息的能力对其投资决策的影响效应不显著。而在低市场化程度地区，政府政策等非市场性因素对资源配置的干预效率较高，导致资源在不同企业之间的配置扭曲。实施分行业监管将使公司披露更多的业务信息，提高股价对公司独特信息的反映程度，从而使管理者在决策中更加依赖股价信息，弥补市场不完善造成的资源缺口，降低那些有增长潜力但股价被低估的公司的融资成本，从而提高企业投资效率。因此，在市场化程度较低的地区，分行业信息披露监管更能增强股价对管理层决策的反馈效应和对投资者决策的传递效应，从而更能改善企业投资效率。

鉴于上述讨论，根据王小鲁等（2021）的市场化程度指数均值将样本分为两组，对模型（6-2）进行回归。回归结果如表6-16所示。其中，第（1）列市场化程度较低时，TREAT×POST 的系数在 5% 的水平下显著为负，而在第（2）列市场化程度较高时，TREAT×POST 的系数在 10% 的水平下显著为负且其系数绝对值低于第（1）列的系数绝对值，TREAT×POST 的组间系数差异值显著异于 0，说明当企业所在地的市场化程度较低时，分行业信息披露监管更可能提升企业投资效率。

表 6-16　考虑市场化程度的差异

变量	（1） 市场化程度低 INEFFI	（2） 市场化程度高 INEFFI
TREAT×POST	-0. 1227 ** （-2. 187）	-0. 0862 * （-1. 710）
TURN	0. 0807 *** （3. 530）	0. 0587 *** （2. 907）
SIZE	0. 2705 *** （5. 036）	0. 1098 ** （2. 039）
LEV	-0. 0193 （-0. 526）	0. 1221 *** （3. 611）
BIG4	-0. 0116 （-0. 298）	0. 0014 （0. 039）
TOP1	0. 0629 （1. 572）	0. 1116 *** （2. 741）
DUAL	0. 0627 ** （2. 419）	0. 0497 ** （2. 188）
BSIZE	-0. 0055 （-0. 179）	-0. 0326 （-1. 076）
SOE	-0. 0367 （-0. 603）	-0. 0857 （-1. 182）
VIOLATE	-0. 0118 （-0. 652）	-0. 0049 （-0. 284）
INQUIRY	-0. 0029 （-0. 166）	-0. 0610 *** （-3. 557）
HHI	0. 0354 （1. 105）	-0. 0441 （-1. 533）
CONS	-0. 0683 * （-1. 873）	-0. 0141 （-0. 462）

续表

变量	（1）	（2）
	市场化程度低	市场化程度高
	INEFFI	INEFFI
YEAR/FIRM	YES	YES
N	4790	5199
Within R^2	0.0319	0.0263
系数差异检验	chi2（1）= 4.79 Prob>chi2 = 0.0286	

（四）经济政策不确定性

经济政策不确定性的差异是影响企业股价信息含量和分行业信息披露监管发挥作用的重要因素。因此，面临不同程度经济政策不确定性的企业有可能在分行业信息披露监管与投资效率的关系中具有不同的表现。具体而言，当企业面临的经济政策不确定性较高时，资本市场信息供给减少，投资者交易量减少，进而导致市场流动性下降，企业特质信息无法融入股价（王建新和丁亚楠，2022），股价信息含量较低，其对管理层投资决策的反馈效应就弱，对投资者传递的企业信息较少。而分行业信息披露监管可以提升企业信息披露质量和增加企业经营性信息披露数量，从而缓解由于经济政策不确定性引致的公司特质信息无法融入股价的现象，更能提升股价信息对公司投资效率的改善作用。即当企业面临的经济政策不确定性较高时，分行业信息披露监管更能显著提升企业投资效率。相反，当经济政策不确定性较低时，资本市场中股价信息对资源配置的指导效应较强，分行业信息披露监管降低股价同步性的边际效果也不会太明显，也就对改善投资效率的边际效应不明显。因此，本书预期当企业面临的经济政策不确定性较高时，分行业信息披露监管更能改善企业投资效率。

借鉴李增福等（2022）的研究，使用 Baker 等（2016）开发的月度中国经济政策不确定性指数，构建年度中国经济政策不确定性数据。对当年

12 个月的指数取算术平均数得到中国经济政策不确定性指数的年度数据。根据经济政策不确定性指数均值将样本分为两组，对模型（6-2）进行回归。回归结果如表 6-17 所示。其中，第（1）列经济政策不确定性程度较高时，TREAT×POST 的系数在 10% 的水平下显著为负，而在第（2）列经济政策不确定性较低时，TREAT×POST 的系数为正但不显著，而 TREAT×POST 的组间系数差异值显著异于 0，说明当企业面临的经济政策不确定性较高时，分行业信息披露监管更可能提升企业投资效率。

表 6-17　考虑经济政策不确定性的差异

变量	（1）经济政策不确定高 INEFFI	（2）经济政策不确定性低 INEFFI
TREAT×POST	−0.1173 * （−1.713）	0.0048 （0.080）
TURN	0.0077 （0.344）	0.0275 （1.389）
SIZE	0.7074 *** （8.329）	0.4243 *** （7.607）
LEV	0.1189 ** （2.533）	0.0568 * （1.774）
BIG4	−0.0739 * （−1.777）	0.0031 （0.086）
TOP1	0.1271 ** （1.986）	0.0535 （1.400）
DUAL	−0.0088 （−0.367）	0.0512 ** （2.267）
BSIZE	−0.0163 （−0.495）	0.0008 （0.031）
SOE	0.0033 （0.057）	−0.0592 （−0.889）
VIOLATE	0.0267 * （1.672）	−0.0179 （−1.147）

续表

变量	（1）	（2）
	经济政策不确定高	经济政策不确定性低
	INEFFI	INEFFI
INQUIRY	−0. 0023	0. 0162
	（−0. 197）	（0. 528）
HHI	0. 0039	−0. 0578 **
	（0. 097）	（−2. 105）
CONS	−0. 2303 ***	−0. 0314
	（−4. 783）	（−0. 854）
YEAR/FIRM	YES	YES
N	4422	5567
Within R^2	0. 0628	0. 0346
系数差异检验	chi2 （1） = 3. 34 Prob>chi2 = 0. 0677	

综上论述及实证检验，分行业信息披露监管可以改善企业投资效率，具体表现为分行业信息披露监管既能约束企业过度投资，也能抑制企业投资不足。考虑企业产权性质、所在地区的市场化程度和经济政策不确定性的差异，发现当企业为国有企业、企业所在地的市场化程度较低和企业面临的经济政策不确定性较高时，分行业信息披露监管更能显著提升企业投资效率。

七、本章小结

本章从融资成本和投资效率角度分析了分行业信息披露监管影响股价同步性而产生的经济后果。具体而言，以 2009～2020 年我国 A 股非金融类上市公司为样本，从融资成本和投资效率两个视角，考查分行业信息披露监管对资本市场定价效率影响的经济后果。实证结果显示：

（1）在其他条件既定的情况下，分行业信息披露监管降低了股价同步性，提高了资本市场定价效率，有助于降低企业债务融资成本、权益融资成本和提升企业投资效率。在经过替换被解释变量、替换样本、变更 PSM 匹配比例、平行趋势假设检验和安慰剂检验后该结论依然成立。

（2）区分产权性质、企业所处地区的市场化程度和经济政策不确定性时，发现当企业产权性质为非国有企业、企业所处地区的市场化程度较低和企业面临的经济政策不确定性较高时，分行业信息披露监管更能显著降低企业债务融资成本和权益融资成本。

（3）分行业信息披露监管可以有效改善企业投资过度与投资不足。区分产权性质、企业所处地区的市场化程度和经济政策不确定性时，发现当企业产权性质为国企、企业所处地区的市场化程度较低和企业面临的经济政策不确定性较高时，分行业信息披露监管更能显著提升企业投资效率。

第七章
研究结论及启示

一、主要研究结论

本书基于有效市场假说、信息不对称理论、委托代理理论、信号传递理论、印象管理理论、组织模仿理论和管理层学习理论，采用实证研究的方法对分行业信息披露监管对资本市场定价效率的影响效应、影响渠道以及经济后果进行探究。本书研究得出了以下主要结论：

第一，分行业信息披露监管降低了股价同步性，提升了资本市场定价效率。在经过替换被解释变量、替换样本、变更 PSM 匹配比例、平行趋势假设检验和安慰剂检验后该结论依然成立。同时，对分行业信息披露监管降低股价同步性的替代性解释进行了排除，发现分行业信息披露监管并未增加资本市场中的噪音交易，排除了分行业信息披露监管降低股价同步性是由于增加了噪音交易引起的可能性，证实了分行业信息披露监管可以提升资本市场定价效率。考虑外部信息环境的调节效应，发现分析师关注和媒体关注可以加强分行业信息披露监管对股价同步性的抑制作用，而投资者关注的调节效应不显著。即随着分析师关注度和媒体关注度的提高，分行业信息披露监管对股价同步性的抑制效应增强。

第二，分行业信息披露监管有助于企业提高信息披露质量和增加信息披露数量。在经过替换被解释变量、替换样本、变更 PSM 匹配比例、平行趋势假设检验和安慰剂检验后该结论依然成立。考虑审计师行业专长、内部控制质量和投资者保护的影响，研究发现在审计师行业专长更低、内部控制质量更低和投资者保护越差的样本组中，分行业信息披露监管更能显著提高企业信息披露质量和增加信息披露数量。中介效应检验结果显示，信息披露质量和信息披露数量在分行业信息披露监管对资本市场定价效率的影响中发挥了部分中介效应。

第三，进一步研究分行业信息披露监管降低了股价同步性的经济后果，发现分行业信息披露监管降低了股价同步性，有助于降低企业债务融资成本、权益融资成本和提升企业投资效率。在经过替换被解释变量、替换样本、变更 PSM 匹配比例、平行趋势假设检验和安慰剂检验后该结论依然成立。进一步的研究显示，分行业信息披露监管可以有效改善企业投资过度与投资不足。区分产权性质、企业所处地区的市场化程度和经济政策不确定性时，发现产权性质为非国有企业、所处地区市场化程度较低和面临经济政策不确定性较高的企业，分行业信息披露监管更能显著降低企业债务融资成本和权益融资成本；当企业的产权性质为国有企业、所处地区市场化程度较低和面临经济政策不确定性较高时，分行业信息披露监管更能显著提升企业投资效率。

二、政策启示

本书的研究具有重要的实践启示，主要表现如下：

第一，监管机构层面需要完善行业信息披露指引机制。本书研究发现分行业信息披露监管有助于企业提升信息披露质量和增加信息披露数量，从而降低股价同步性，提升资本市场定价效率。因此，监管机构应积极发挥其监管服务功能，在监管实践中全面梳理特定情况企业的经营模式、风险因素等，提炼具有行业特征的信息披露要素，从而提升信息披露监管的针对性和有效性，帮助投资者迅速完成信息获取，以便于其合理运用这些信息，并对共性企业的相关情况进行横向比较，做出更有利于自己的投资选择，为资本市场定价效率的提高保驾护航。

另外，证券交易所出台的行业信息披露指引存在改进的空间：一方面，指引覆盖的行业范围有限，上交所和深交所主要针对制造业的细分行业出台了信息披露指引，仍有一部分行业处于规范的真空地带，需要进行拓展，如证券交易所未对交通运输、仓储和邮政业、住宿和餐饮业出台行业信息披露指引；考虑到随着数字经济的发展，涌现出了一系列新型业务、新型商业模式等，建议证交所结合对这些新经济下涌现出的新业态进行总结梳理，出台相关信息披露指引。另一方面，两个交易所的指引之间存在较大差异，需要进行调适统一。例如，上交所发布的《行业信息披露指引第 23 号——医疗器械》指引上市公司应当结合医疗器械行业及所处细分行业特点、自身经营和销售模式等，披露报告期内的销售费用具体构成、销售费用占同期营业收入的比例，并与同行业平均销售费用率或同行业代表性公司进行比较，说明公司销售费用率的合理性以及费用控制的有效性，而《深圳证券交易所创业板信息披露指引第 10 号——上市公司从事医疗器械业务》却未对销售费用的披露做明确要求。

第二，监管机构应引导企业积极主动披露行业经营性信息。从本书的研究结果来看，分行业信息披露监管有助于提升企业信息披露质量和增加信息披露数量，从而降低股价同步性，提升资本市场定价效率，并进一步降低企业融资成本，提升企业投资效率。因此，监管部门要引导企业积极主动披露行业经营性信息，深化信息披露的问责机制，落实企业信息披露备忘录制度和"不披露即解释"制度，增强市场透明度，更好地为投资者披露更真更多更清晰的行业经营性信息，创造良好的市场交易环境。

第三，监管部门或证券公司应坚持提高分析师和媒体等这类信息中介的专业能力，为资本市场效率的提升保驾护航。本书在探究外部信息环境对分行业信息披露监管和股价同步性关系的调节效应时，发现分析师关注和媒体关注可以加强分行业信息披露监管对股价同步性的抑制作用，而投资者关注的调节效应不显著。当今社会科技发展迅猛，各种智能技术的发展能够降低信息中介的搜寻成本。监管部门或证券公司可以提供相应的学习平台或激励措施，鼓励分析师和媒体掌握并熟练运用这些技术，以便高效地收集、分析上市公司的基本面信息，进而为分行业信息披露监管提升资本市场定价效率发挥辅助作用。

三、局限性与未来研究方向

本书将规范研究和实证研究相结合，检验了分行业信息披露监管对资本市场定价效率的影响，并进一步考查其对资本配置效率的影响，得出了兼具理论意义和实践价值的结论，但本书可能尚存在以下一些不足之处，而这些不足也成为未来的研究方向。

第一，对企业行业经营性信息披露的具体内容变化未做进一步考虑，导致研究存在局限性。虽然以分行业信息披露监管作为政策冲击展开了研究，但由于各企业的行业关键指标不同，未考虑政策实施后企业对行业经营性信息披露具体内容的变化。后续研究将通过文本分析构建行业经营性信息披露深度指标，考查分行业信息披露监管的效应。

第二，信息披露监管的利益相关方较多，本书未能进行全面考虑。分行业信息披露监管有助于企业披露更多的行业经营性信息，这可能会影响企业信息使用者的利益。因此，在未来的研究中，将拓展分行业信息披露监管在供应链、产品市场等方面的经济后果研究。

第三，存在因遗漏随时间变化的变量而产生的内生性，导致内生性控制不完善。因此，后续将探究更好的实证研究方法，以解决本书研究可能存在的内生性问题。

参考文献

［1］林钟高，李文灿. 监管模式变更影响会计稳健性吗？——基于信息披露分行业监管视角的经验证据［J］. 财务研究，2021（04）：22-31.

［2］林钟高，李文灿. 监管模式变更有助于提高会计信息可比性吗？——基于信息披露分行业监管视角的经验证据［J］. 财经理论与实践，2021，42（04）：58-65.

［3］黄昊，赵玲. 分行业信息披露、同侪压力与企业税收遵从——基于准自然实验的研究［J］. 当代财经，2021（05）：40-51.

［4］赵玲，黄昊. 信息披露模式变迁与股价崩盘风险——基于行业信息披露指引发布的证据［J］. 财经论丛，2022（07）：79-89.

［5］赵玲，黄昊. 基于同侪压力效应的分行业信息披露与企业费用粘性行为研究［J］. 管理学报，2021，18（12）：1851-1859.

［6］林钟高，朱杨阳. 信息披露监管模式变更影响分析师预测行为吗？——基于分析师预测准确度与分歧度的视角［J］. 会计与经济研究，2021，35（05）：62-78.

［7］林钟高，刘文庆. 信息披露监管模式变更影响企业投资效率吗？——基于双重差分模型的实证检验［J］. 财经理论与实践，2022，43（04）：67-77.

［8］Francis J，Lafond R，Olsson P M，et al. Costs of Equity and Earnings Attributes［J］. The Accounting Review，2004，79（04）：967-1010.

［9］Durnev A，Morck R，Yeung B. Value-Enhancing Capital Budgeting and Firm-Specific Stock Return Variation［J］. The Journal of Finance，2004，59（01）：65-105.

［10］许晨曦，杜勇，鹿瑶. 年报语调对资本市场定价效率的影响研究［J］. 中国软科学，2021（09）：182-192.

［11］沈华玉，郭晓冬，吴晓晖. 会计稳健性、信息透明度与股价同步性［J］. 山西财经大学学报，2017，39（12）：114-124.

［12］Gul F A，Kim J，Qiu A A. Ownership Concentration，Foreign Shareholding，Audit Quality，and Stock Price Synchronicity：Evidence from China［J］. Journal of Financial Economics，2010，95（03）：425-442.

［13］高增亮，张俊瑞，胡明生. 审计师行业专长对股价同步性的影响研究［J］. 财经论丛，2019（07）：64-73.

［14］郭照蕊，张震. 实际控制人境外居留权与资本市场定价效率——基于股价同步性的分析［J］. 中南财经政法大学学报，2021（04）：49-60.

［15］魏志华，夏太彪，王慧萍. 关联交易、分析师行为与股价同步性——基于中国上市公司的实证研究［J］. 会计与经济研究，2020，34（05）：3-27.

［16］刘海月，易智敏，Jack W H. 上市公司参与 OFDI 能影响其股价同步性吗?［J］. 财经问题研究，2021（10）：75-85.

［17］赵林丹，梁琪. 企业金融化与股价"同涨同跌"现象［J］. 南开经济研究，2021（02）：181-200.

［18］伊志宏，杨圣之，陈钦源. 分析师能降低股价同步性吗——基于研究报告文本分析的实证研究［J］. 中国工业经济，2019（01）：156-173.

［19］曹啸，张云. 投资者交易对股价同步性影响研究——基于信息获取异质性的视角［J］. 会计与经济研究，2021，35（02）：103-125.

［20］何贤杰，王孝钰，孙淑伟，等. 网络新媒体信息披露的经济后果研究——基于股价同步性的视角［J］. 管理科学学报，2018，21

（06）：43-59.

[21] 顾琪，王策．融资融券制度与市场定价效率——基于卖空摩擦的视角 [J]．统计研究，2017，34（01）：80-90.

[22] 陈冬华，姚振晔．政府行为必然会提高股价同步性吗？——基于我国产业政策的实证研究 [J]．经济研究，2018，53（12）：112-128.

[23] Hayek F A. The Use of Knowledge in Society [J]．The American Economic Review，1945，35（04）：519-530.

[24] Ahmed A S，Billings B K，Morton R M，et al. The Role of Accounting Conservatism in Mitigating Bondholder-Shareholder Conflicts over Dividend Policy and in Reducing Debt Costs [J]．The Accounting Review，2002，77（04）：867-890.

[25] 郑登津，闫天一．会计稳健性、审计质量和债务成本 [J]．审计研究，2016（02）：74-81.

[26] Edmans A，Jayaraman S，Schneemeier J. The Source of Information in Prices and Investment-Price Sensitivity [J]．Journal of Financial Economics，2017，126（01）：74-96.

[27] 连立帅，朱松，陈关亭．资本市场开放、非财务信息定价与企业投资——基于沪深港通交易制度的经验证据 [J]．管理世界，2019，35（08）：136-154.

[28] Jiang F，Cai W，Wang X，et al. Multiple Large Shareholders and Corporate Investment：Evidence from China [J]．Journal of Corporate Finance，2018（50）：66-83.

[29] 潘越，汤旭东，宁博，等．连锁股东与企业投资效率：治理协同还是竞争合谋 [J]．中国工业经济，2020（02）：136-164.

[30] 金智，宋顺林，阳雪．女性董事在公司投资中的角色 [J]．会计研究，2015（05）：80-86.

[31] Hu C，Liu Y. Valuing Diversity：CEOs' Career Experiences and Corporate Investment [J]．Journal of Corporate Finance，2015（30）：11-31.

[32] An H, Chen Y, Luo D, et al. Political Uncertainty and Corporate Investment: Evidence from China [J] . Journal of Corporate Finance, 2016 (36): 174-189.

[33] 陈运森, 黄健峤. 股票市场开放与企业投资效率——基于"沪港通"的准自然实验 [J] . 金融研究, 2019 (08): 151-170.

[34] Roll R. R^2 [J] . The Journal of Finance, 1988 (02): 541-566.

[35] Morck R, Yeung B, Yu W. The Information Content of Stock Markets: Why do Emerging Markets Have Synchronous Stock Price Movements? [J] . Journal of Financial Econometrics, 2000, 58 (01): 215-260.

[36] 许年行, 洪涛, 徐信忠, 等. 股价同步性代表定价效率的高低吗?——来自我国股市惯性策略和反转策略的证据 [Z] .2008.

[37] Ferreira M, Laux P. Corporate Governance, Idiosyncratic Risk, and Information Flow [J] . Journal of Finance, 2007, 62 (02): 951-989.

[38] 伊志宏, 杨圣之, 陈钦源. 分析师能降低股价同步性吗——基于研究报告文本分析的实证研究 [J] . 中国工业经济, 2019 (01): 156-173.

[39] 朱红军, 何贤杰, 陶林. 中国的证券分析师能够提高资本市场的效率吗——基于股价同步性和股价信息含量的经验证据 [J] . 金融研究, 2007 (02): 110-121.

[40] Barberis N, Shleifer A, Wurgler J. Comovement [J] . Journal of Financial Economics, 2005, 75 (02): 283-317.

[41] Wang Y, Wu L, Yang Y. Does the Stock Market Affect Firm Investment in China? A Price Informativeness Perspective [J] . Journal of Banking & Finance, 2009, 33 (01): 53-62.

[42] Hu C, Liu S. The Implications of Low R^2: Evidence from China [J] . Emerging Markets Finance & Trade, 2013, 49 (01): 17-32.

[43] 许年行, 洪涛, 吴世农, 等. 信息传递模式、投资者心理偏差与股价"同涨同跌"现象 [J] . 经济研究, 2011, 46 (04): 135-146.

　　[44] 孙刚．金融生态环境、股价波动同步性与上市企业融资约束 [J] ．证券市场导报，2011（01）：49-55.

　　[45] Chan K，Chan Y. Price Informativeness and Stock Return Synchronicity：Evidence from the Pricing of Seasoned Equity Offerings [J] ．Journal of Financial Economics，2014，114（01）：36-53.

　　[46] 周林洁．公司治理、机构持股与股价同步性 [J] ．金融研究，2014（08）：146-161.

　　[47] 罗进辉，向元高，金思静．董事会秘书能够提高资本市场效率吗——基于股价同步性的经验证据 [J] ．山西财经大学学报，2015，37（12）：80-90.

　　[48] 蔡栋梁，郜建豪，邹亚辉．税收征管与股价同步性——基于制度背景的研究 [J] ．南开管理评论，2021（01）：1-25.

　　[49] 王运陈，贺康，万丽梅. MD&A 语言真诚性能够提高资本市场定价效率吗？——基于股价同步性的分析 [J] ．北京工商大学学报（社会科学版），2020，35（03）：99-112.

　　[50] Zhao W，Yang H，Zhou H. Linguistic Specificity and Stock Price Synchronicity [J] ．China Journal of Accounting Research，2022（01）：100-219.

　　[51] 张婷，张敦力．或有事项信息披露能降低股价同步性吗？[J] ．中南财经政法大学学报，2020（03）：3-13.

　　[52] 李丹，王丹．供应链客户信息对公司信息环境的影响研究——基于股价同步性的分析 [J] ．金融研究，2016（12）：191-206.

　　[53] 杨有红，闫珍丽．其他综合收益及其列报改进是否提高了盈余透明度？——分析师行为及股价同步性的证据 [J] ．会计研究，2018（04）：20-27.

　　[54] 刘瑶瑶，路军伟，李奇凤．业绩说明会语调能提高资本市场信息效率吗？——基于股价同步性的视角 [J] ．中南财经政法大学学报，2021（05）：38-50.

［55］王艳艳，于李胜，安然．非财务信息披露是否能够改善资本市场信息环境？——基于社会责任报告披露的研究［J］．金融研究，2014（08）：178-191．

［56］危平，曾高峰．环境信息披露、分析师关注与股价同步性——基于强环境敏感型行业的分析［J］．上海财经大学学报（哲学社会科学版），2018，20（02）：39-58．

［57］Zhai H，Lu M，Shan Y，et al. Key Audit Matters and Stock Price Synchronicity：Evidence from a Quasi-Natural Experiment in China［J］．International Review of Financial Analysis，2021（75）：101747．

［58］方红星，楚有为．自愿披露、强制披露与资本市场定价效率［J］．经济管理，2019，41（01）：156-173．

［59］Li S，Brockman P，Zurbruegg R. Cross–Listing，Firm–Specific Information，and Corporate Governance：Evidence from Chinese A–Shares and H–Shares［J］．Journal of Corporate Finance，2015（32）：347-362．

［60］Boubaker S，Mansali H，Rjiba H. Large Controlling Shareholders and Stock Price Synchronicity［J］．Journal of Banking & Finance，2014（40）：80-96．

［61］王立章，王咏梅，王志诚．控制权、现金流权与股价同步性［J］．金融研究，2016（05）：97-110．

［62］Xu J，Zhang Y. Family CEO and Information Disclosure：Evidence from China［J］．Finance Research Letters，2018，26：169-176．

［63］许静静．家族高管、控制权结构与公司股价同步性——基于A股中小板家族企业的检验［J］．中南财经政法大学学报，2016（05）：101-109．

［64］Sila V，Gonzalez A，Hagendorff J. Independent Director Reputation Incentives and Stock Price Informativeness［J］．Journal of Corporate Finance，2017（47）：219-235．

［65］李秉成，郑珊珊．管理者能力能够提高资本市场信息效率

吗？——基于股价同步性的分析 ［J］．审计与经济研究，2019，34（03）：80-90.

［66］刘继红．审计师高管的关联关系与股价同步性 ［J］．会计与经济研究，2019，33（02）：44-61.

［67］冯晓晴，文雯，何瑛．控股股东股权质押会损害资本市场信息效率吗？——来自股价同步性的经验证据 ［J］．审计与经济研究，2020，35（01）：79-89.

［68］李留闯，田高良，马勇，等．连锁董事和股价同步性波动：基于网络视角的考察 ［J］．管理科学，2012，25（06）：86-100.

［69］邓伟，王涛，成园园．反收购条款、股价同步性与投资效率 ［J］．管理评论，2020，32（11）：33-47.

［70］李旎，曾加怡，蔡贵龙，等．公司战略异质性与股价同步性 ［J］．会计与经济研究，2021，35（03）：72-88.

［71］田高良，封华，张亭．风险承担信息不透明与股价同步性 ［J］．系统工程理论与实践，2019，39（03）：578-595.

［72］Cheong C S, Hoffmann A O I, Zurbruegg R. Tarred with the Same Brush? Advertising Share of Voice and Stock Price Synchronicity ［J］. Journal of Marketing, 2021, 85（06）：118-140.

［73］陶瑜，彭龙，刘寅．机构投资者行为对信息效率的影响研究 ［J］．北京工商大学学报（社会科学版），2016，31（05）：87-97.

［74］张浩，陶伦琛．资本市场对外开放会提升市场信息效率吗？——基于境外投资者视角 ［J］．南方金融，2021（11）：51-64.

［75］金大卫，冯璐茜．过度自信、分析师跟进与资本市场定价效率——基于 R^2 视角的实证研究 ［J］．管理评论，2016，28（12）：41-53.

［76］黄诒蓉，白羽轩．网络传染是"真羊群"还是"伪羊群"？——网络传染程度对资本市场定价效率的影响 ［J］．中国管理科学，2021，29（09）：12-24.

［77］Piotroski J D, Roulstone D T. The Influence of Analysts, Institutional

Investors, and Insiders on the Incorporation of Market, Industry, and Firm-Specific Information into Stock Prices [J]. The Accounting Review, 2004, 79 (04): 1119-1151.

[78] Chan K, Hameed A. Stock Price Synchronicity and Analyst Coverage in Emerging Markets [J]. Journal of Financial Economics, 2006, 80 (01): 115-147.

[79] 张大永, 刘倩, 姬强. 股票分析师的羊群行为对公司股价同步性的影响分析 [J]. 中国管理科学, 2021, 29 (05): 55-64.

[80] Crawford S S, Roulstone D T, So E C. Analyst Initiations of Coverage and Stock Return Synchronicity [J]. The Accounting Review, 2012, 87 (05): 1527-1553.

[81] 伊志宏, 申丹琳, 江轩宇. 基金股权关联分析师损害了股票市场信息效率吗——基于股价同步性的经验证据 [J]. 管理评论, 2018, 30 (08): 3-15.

[82] Xu N, Chan K C, Jiang X, et al. Do Star Analysts Know More Firm-Specific Information? Evidence from China [J]. Journal of Banking & Finance, 2013, 37 (01): 89-102.

[83] Dong Y, Ni C. Does Limited Attention Constrain Investors' Acquisition of Firm-specific Information? [J]. Journal of Business Finance & Accounting, 2014, 41 (9-10): 1361-1392.

[84] 黄俊, 郭照蕊. 新闻媒体报道与资本市场定价效率——基于股价同步性的分析 [J]. 管理世界, 2014 (05): 121-130.

[85] Dang T L, Dang M, Hoang L, et al. Media Coverage and Stock Price Synchronicity [J]. International Review of Financial Analysis, 2020 (67): 101430.

[86] 杨凡, 张玉明. 互联网沟通能降低股价同步性吗？——来自"上证 e 互动"的证据 [J]. 中南财经政法大学学报, 2020 (06): 108-119.

[87] 谭松涛, 阚铄, 崔小勇. 互联网沟通能够改善市场信息效率

吗?——基于深交所"互动易"网络平台的研究［J］．金融研究，2016（03）：174-188.

［88］刘海飞，许金涛，柏巍，等．社交网络、投资者关注与股价同步性［J］．管理科学学报，2017，20（02）：53-62.

［89］Chen Y, Huang J, Li X, et al. Does Stock Market Liberalization Improve Stock Price Efficiency? Evidence from China ［J］．Journal of Business Finance & Accounting, 2021（01）.

［90］王晓宇，杨云红．经济政策不确定性如何影响股价同步性?——基于有限关注视角［J］．经济科学，2021（05）：99-113.

［91］官峰，王俊杰，章贵桥．政商关系、分析师预测与股价同步性——基于腐败官员落马的准自然实验［J］．财经研究，2018，44（07）：114-125.

［92］郭照蕊，张天舒．高铁开通对资本市场定价效率的影响研究［J］．管理学报，2021，18（04）：614-623.

［93］杨昌安，何熙琼．高铁能否提高地区资本市场的信息效率——基于公司股价同步性的视角［J］．山西财经大学学报，2020，42（06）：30-44.

［94］朱杰．"一带一路"倡议与资本市场信息效率［J］．经济管理，2019，41（09）：38-56.

［95］Eun C S, Wang L, Xiao S C. Culture and R^2 ［J］．Journal of Financial Economics, 2015, 115（02）：283-303.

［96］Qiu B, Yu J, Zhang K. Trust and Stock Price Synchronicity: Evidence from China ［J］．Journal of Business Ethics, 2020, 167（01）：97-109.

［97］徐硕正，张兵．新审计报告与资本市场的信息反应——来自股价同步性和股价预测能力双维度的经验证据［J］．审计与经济研究，2020，35（03）：45-57.

［98］王木之，李丹．新审计报告和股价同步性［J］．会计研究，

2019（1）：86-92.

［99］史永，张龙平 . XBRL财务报告实施效果研究——基于股价同步性的视角［J］. 会计研究，2014（03）：3-10.

［100］Kim Y, Su L N, Wang Z, et al. The Effect of Trade Secrets Law on Stock Price Synchronicity：Evidence from the Inevitable Disclosure Doctrine ［J］. The Accounting Review, 2021, 96（01）：325-348.

［101］顾小龙，辛宇，滕飞 . 违规监管具有治理效应吗——兼论股价同步性指标的两重性［J］. 南开管理评论，2016，19（05）：41-54.

［102］翟淑萍，韩贤 . 财务问询监管提高了资本市场定价效率吗［J］. 现代经济探讨，2021（05）：47-55.

［103］袁蓉丽，王群，李瑞敬 . 证券交易所监管与股价同步性——基于年报问询函的证据［J］. 管理评论，2021（01）：1-11.

［104］王惠芳 . 上市公司年报信息再分类与披露管制新思路［J］. 会计研究，2009（09）：36-41.

［105］徐聪 . 试论上市公司信息披露差异化［J］. 证券市场导报，2011（07）：7-13.

［106］魏紫洁，游士兵 . 美国上市公司行业监管经验借鉴［J］. 证券市场导报，2015（11）：72-78.

［107］杨淦 . 上市公司差异化信息披露的逻辑理路与制度展开［J］. 证券市场导报，2016（01）：72-78.

［108］Huber P. Stock Market Returns in Thin Markets：Evidence from the Vienna Stock Exchange ［J］. Applied Financial Economics, 1997, 5（07）：493-498.

［109］Cohen D A, Dey A, Lys T Z. Real and Accrual-Based Earnings Management in the Pre-and Post-Sarbanes-Oxley Periods ［J］. The Accounting Review, 2008, 83（03）：757-787.

［110］Al-Akra M, Eddie I A, Ali M J. The Influence of the Introduction of Accounting Disclosure Regulation on Mandatory Disclosure Compliance：

Evidence from Jordan［J］. The British Accounting Review, 2010, 42 (03)：170-186.

［111］Dong Y, Li O Z, Lin Y, et al. Does Information-Processing Cost Affect Firm-Specific Information Acquisition? Evidence from XBRL Adoption［J］. Journal of Financial and Quantitative Analysis, 2016, 51 (02)：435-462.

［112］Chen G, Firth M, Gao D N, et al. Is China's Securities Regulatory Agency a Toothless Tiger? Evidence from Enforcement Actions［J］. Journal of Accounting and Public Policy, 2005, 24 (06)：451-488.

［113］李小波, 吴溪. 国家审计公告的市场反应：基于中央企业审计结果的初步分析［J］. 审计研究, 2013 (04)：85-92.

［114］顾小龙, 辛宇, 滕飞. 违规监管具有治理效应吗——兼论股价同步性指标的两重性［J］. 南开管理评论, 2016, 19 (05)：41-54.

［115］Johnson W C, Xie W, Yi S. Corporate Fraud and the Value of Reputations in the Product Market［J］. Journal of Corporate Finance (Amsterdam, Netherlands), 2014 (25)：16-39.

［116］Chen Y, Zhu S, Wang Y. Corporate Fraud and Bank Loans：Evidence from China［J］. China Journal of Accounting Research, 2011, 4 (03)：155-165.

［117］刘星, 陈西婵. 证监会处罚、分析师跟踪与公司银行债务融资——来自信息披露违规的经验证据［J］. 会计研究, 2018 (01)：60-67.

［118］朱沛华. 负面声誉与企业融资——来自上市公司违规处罚的经验证据［J］. 财贸经济, 2020, 41 (04)：50-65.

［119］修宗峰, 刘然, 殷敬伟. 财务舞弊、供应链集中度与企业商业信用融资［J］. 会计研究, 2021 (01)：82-99.

［120］沈红波, 杨玉龙, 潘飞. 民营上市公司的政治关联、证券违规与盈余质量［J］. 金融研究, 2014 (01)：194-206.

［121］廖佳, 苏冬蔚. 上市公司负面声誉与分析师关注："趋之若鹜"

抑或"避之若浼"［J］. 会计研究, 2021（08）: 38-53.

［122］朱春艳, 伍利娜. 上市公司违规问题的审计后果研究——基于证券监管部门处罚公告的分析［J］. 审计研究, 2009（04）: 42-51.

［123］Beatty A, Liao S, Yu J J. The Spillover Effect of Fraudulent Financial Reporting on Peer Firms' Investments［J］. Journal of Accounting & Economics, 2013, 55（2-3）: 183-205.

［124］刘丽华, 徐艳萍, 饶品贵, 等. 一损俱损: 违规事件在企业集团内的传染效应研究［J］. 金融研究, 2019（06）: 113-131.

［125］钱爱民, 朱大鹏, 郁智. 上市公司被处罚会牵连未受罚审计师吗?［J］. 审计研究, 2018（03）: 63-70.

［126］Holzman E R, Miller B P, Williams B M. The Local Spillover Effect of Corporate Accounting Misconduct: Evidence from City Crime Rates［J］. Contemporary Accounting Research, 2021, 38（03）: 1542-1580.

［127］Bens D A, Cheng M, Neamtiu M. The Impact of SEC Disclosure Monitoring on the Uncertainty of Fair Value Estimates［J］. The Accounting Review, 2016, 91（02）: 349-375.

［128］Cassell C A, Cunningham L M, Lisic L L. The Readability of Company Responses to SEC Comment Letters and SEC 10-K Filing Review Outcomes［J］. Review of Accounting Studies, 2019, 24（04）: 1252-1276.

［129］陈运森, 邓祎璐, 李哲. 证券交易所一线监管的有效性研究: 基于财务报告问询函的证据［J］. 管理世界, 2019, 35（03）: 169-185.

［130］Cunningham L M, Johnson B A, Johnson E S, et al. The Switch-Up: An Examination of Changes in Earnings Management after Receiving SEC Comment Letters［J］. Contemporary Accounting Research, 2020, 37（02）: 917-944.

［131］翟淑萍, 王敏, 韩贤. 交易所财务问询监管与会计信息可比性——直接影响与溢出效应［J］. 当代财经, 2020（10）: 124-137.

［132］翟淑萍，王敏，白梦诗．财务问询函能够提高年报可读性吗？——来自董事联结上市公司的经验证据［J］．外国经济与管理，2020，42（09）：136-152．

［133］翟淑萍，缪晴，甦叶．财务报告问询函对会计稳健性的影响：直接效应与溢出效应［J］．财经理论与实践，2022，43（03）：86-95．

［134］Bozanic Z, Dietrich J R, Johnson B A. SEC Comment Letters and Firm Disclosure［J］. Journal of Accounting and Public Policy, 2017, 36（05）：337-357.

［135］Ryans J P. Textual Classification of SEC Comment Letters［J］. Review of Accounting Studies, 2020, 26（01）：37-80.

［136］李晓溪，饶品贵，岳衡．年报问询函与管理层业绩预告［J］．管理世界，2019，35（08）：173-188．

［137］翟淑萍，王敏．非处罚性监管提高了公司业绩预告质量吗——来自财务报告问询函的证据［J］．山西财经大学学报，2019，41（04）：92-107．

［138］耀友福，薛爽．年报问询压力与内部控制意见购买［J］．会计研究，2020（05）：147-165．

［139］耀友福，林恺．年报问询函影响关键审计事项判断吗？［J］．审计研究，2020（04）：90-101．

［140］丁方飞，刘倩倩．证券交易所一线监管能提升证券分析师盈利预测质量吗？——基于年报问询函的证据［J］．当代会计评论，2019，12（04）：46-67．

［141］Duro M, Heese J, Ormazabal G. The Effect of Enforcement Transparency: Evidence from SEC Comment - Letter Reviews［J］. Review of Accounting Studies, 2019, 24（03）：780-823.

［142］Johnston R, Petacchi R. Regulatory Oversight of Financial Reporting: Securities and Exchange Commission Comment Letters［J］.

Contemporary Accounting Research，2017，34（02）：1128-1155.

［143］Drienko J，Sault S J，von Reibnitz A H. Company Responses to Exchange Queries in Real Time［J］. Pacific-Basin Finance Journal，2017（45）：116-141.

［144］陈运森，邓祎璐，李哲. 非处罚性监管具有信息含量吗？——基于问询函的证据［J］. 金融研究，2018（04）：155-171.

［145］张俊生，汤晓建，李广众. 预防性监管能够抑制股价崩盘风险吗？——基于交易所年报问询函的研究［J］. 管理科学学报，2018，21（10）：112-126.

［146］Hao X，Wang Y. Does Preventive Regulation Reduce Stock Price Synchronicity？Evidence from Chinese Annual Report Comment Letters［J］. China Journal of Accounting Research，2021，14（04）：100203.

［147］翟淑萍，王敏，毛文霞. 财务报告问询函与上市公司融资约束［J］. 金融论坛，2020，25（10）：46-57.

［148］Gietzmann M，Marra A，Pettinicchio A. Comment Letter Frequency and CFO Turnover［J］. Journal of Accounting，Auditing & Finance，2014，31（01）：79-99.

［149］聂萍，潘再珍. 问询函监管与大股东"掏空"——来自沪深交易所年报问询的证据［J］. 审计与经济研究，2019，34（03）：91-103.

［150］Kubick T R，Lynch D P，Mayberry M A，et al. The Effects of Regulatory Scrutiny on Tax Avoidance：An Examination of SEC Comment Letters［J］. The Accounting Review，2016，91（06）：1751-1780.

［151］Sufi A. Information Asymmetry and Financing Arrangements：Evidence from Syndicated Loans［J］. Journal of Finance，2007，62（02）：629-668.

［152］Watts R L. Conservatism in Accounting Part I：Explanations and Implications［J］. Accounting Horizons，2003，17（03）：207-221.

［153］孟晓俊，肖作平，曲佳莉. 企业社会责任信息披露与资本成本

的互动关系——基于信息不对称视角的一个分析框架 ［J］. 会计研究，2010（09）：25-29.

［154］徐经长，张东旭，刘欢欢. 并购商誉信息会影响债务资本成本吗？［J］. 中央财经大学学报，2017（03）：109-118.

［155］王建玲，李玥婷，吴璇. 企业社会责任报告与债务资本成本——来自中国 A 股市场的经验证据 ［J］. 山西财经大学学报，2016，38（07）：113-124.

［156］王艺霖，王爱群. 内控缺陷披露、内控审计与债务资本成本——来自沪市 A 股上市公司的经验证据 ［J］. 中国软科学，2014（02）：150-160.

［157］翟淑萍，袁克丽. 分析师实地调研能缓解企业融资约束吗 ［J］. 山西财经大学学报，2020，42（01）：113-126.

［158］Gao H, Wang J, Wang Y, et al. Media Coverage and the Cost of Debt ［J］. Journal of Financial and Quantitative Analysis, 2020, 55 (02): 429-471.

［159］Botosan C A. Disclosure Level and the Cost of Equity Capital ［J］. The Accounting Review, 1997, 72 (03): 323-349.

［160］Lambert R A, Leuz C, Verrecchia R E, et al. Accounting Information, Disclosure, and the Cost of Capital ［J］. Journal of Accounting Research, 2007, 45 (02): 385-426.

［161］Hughes J S, Liu J, Liu J. Information Asymmetry, Diversification, and Cost of Capital ［J］. The Accounting Review, 2007, 82 (03): 705-729.

［162］汪炜，蒋高峰. 信息披露、透明度与资本成本 ［J］. 经济研究，2004（07）：107-114.

［163］Ng A C, Rezaee Z. Business Sustainability Performance and Cost of Equity Capital ［J］. Journal of Corporate Finance, 2015 (34): 128-149.

［164］Dhaliwal D S, Li O Z, Tsang A, et al. Voluntary Nonfinancial Disclosure and the Cost of Equity Capital: The Initiation of Corporate Social Responsibility Reporting［J］. The Accounting Review，2011，86（01）：59-100.

［165］李姝，赵颖，童婧. 社会责任报告降低了企业权益资本成本吗？——来自中国资本市场的经验证据［J］. 会计研究，2013（09）：64-70.

［166］王雄元，高曦. 年报风险披露与权益资本成本［J］. 金融研究，2018（01）：174-190.

［167］沈洪涛，游家兴，刘江宏. 再融资环保核查、环境信息披露与权益资本成本［J］. 金融研究，2010（12）：159-172.

［168］Orens R，Aerts W，Lybaert N. Customer Value Disclosure and Cost of Equity Capital［J］. Review of Accounting and Finance，2013，12（02）：130-147.

［169］Ashbaugh-Skaife H，Collins D W，Kinney Jr W R，et al. The Effect of SOX Internal Control Deficiencies on Firm Risk and Cost of Equity［J］. Journal of Accounting Research，2009，47（01）：1-43.

［170］甘丽凝，陈思，胡珉，等. 管理层语调与权益资本成本——基于创业板上市公司业绩说明会的经验证据［J］. 会计研究，2019（06）：27-34.

［171］Garel A，Gilbert A B，Scott A. Linguistic Complexity and Cost of Equity Capital［R］. 2018.

［172］Rjiba H，Saadi S，Boubaker S，et al. Annual Report Readability and the Cost of Equity Capital［J］. Journal of Corporate Finance，2021（67）：101902.

［173］Baginski S P，Rakow K C. Management Earnings Forecast Disclosure Policy and the Cost of Equity Capital［J］. Review of Accounting Studies，2011，17（02）：279-321.

［174］Cao Y，Myers L A，Tsang A，et al. Management Forecasts and the Cost of Equity Capital：International Evidence［J］. Review of Accounting Studies，2017，22（02）：791-838.

［175］ Guindy M A. Corporate Twitter Use and Cost of Equity Capital ［J］. Journal of Corporate Finance, 2021 (68): 101926.

［176］蔡贵龙, 张亚楠, 徐悦, 等. 投资者—上市公司互动与资本市场资源配置效率——基于权益资本成本的经验证据 ［J］. 管理世界, 2022, 38 (08): 199-217.

［177］ Bhojraj S, Sengupta P. Effect of Corporate Governance on Bond Ratings and Yields: The Role of Institutional Investors and Outside Directors ［J］. The Journal of Business, 2003, 76 (03): 455-475.

［178］ Bradley M, Chen D. Corporate Governance and the Cost of Debt: Evidence from Director Limited Liability and Indemnification Provisions ［J］. Journal of Corporate Finance, 2011, 17 (01): 83-107.

［179］ Minnis M. The Value of Financial Statement Verification in Debt Financing: Evidence from Private U. S. Firms ［J］. Journal of Accounting Research, 2011, 49 (02): 457-506.

［180］ Bui D G, Chen Y, Hasan I, et al. Can Lenders Discern Managerial Ability from Luck? Evidence from Bank Loan Contracts ［J］. Journal of Banking & Finance, 2018 (87): 187-201.

［181］周楷唐, 麻志明, 吴联生. 高管学术经历与公司债务融资成本 ［J］. 经济研究, 2017, 52 (07): 169-183.

［182］ Donelson D C, Jennings R, Mcinnis J. Financial Statement Quality and Debt Contracting: Evidence from a Survey of Commercial Lenders ［J］. Contemporary Accounting Research, 2017, 34 (04): 2051-2093.

［183］ Regenburg K, Seitz M N B. Criminals, Bankruptcy, and Cost of Debt ［J］. Review of Accounting Studies, 2021, 26 (03): 1004-1045.

［184］ Claessens S, Djankov S, Lang L H P. The Separation of Ownership and Control in East Asian Corporations ［J］. Journal of Financial Economics, 2000, 58 (01): 81-112.

［185］ Anderson R C, Mansi S A, Reeb D M. Founding Family Ownership and the Agency Cost of Debt［J］. Journal of Financial Economics，2003，68（02）：263-285.

［186］Boubakri N，Ghouma H. Control/Ownership Structure，Creditor Rights Protection，and the Cost of Debt Financing：International Evidence［J］. Journal of Banking & Finance，2010，34（10）：2481-2499.

［187］Klock M S，Mansi S A，Maxwell W F. Does Corporate Governance Matter to Bondholders？［J］. Journal of Financial and Quantitative Analysis，2005，40（04）：693-719.

［188］狄灵瑜，步丹璐. 非国有大股东与国有企业债务融资成本［J］. 财贸研究，2022，33（03）：94-109.

［189］王皓非，钱军. 大股东股权质押与债务融资成本［J］. 山西财经大学学报，2021，43（02）：86-98.

［190］吴先聪，罗鸿秀，张健. 控股股东股权质押、审计质量与债务融资成本［J］. 审计研究，2020（06）：86-96.

［191］Mansi S A，Maxwell W F，Miller D P. Does Auditor Quality and Tenure Matter to Investors？Evidence from the Bond Market［J］. Journal of Accounting Research，2004，42（04）：755-793.

［192］Giannetti M，Yafeh Y. Do Cultural Differences Between Contracting Parties Matter？Evidence from Syndicated Bank Loans［J］. Management Science，2012，58（02）：365-383.

［193］Chui A C W，Kwok C C Y，Stephen Zhou G. National Culture and the Cost of Debt［J］. Journal of Banking & Finance，2016（69）：1-19.

［194］曹越，董怀丽，彭可人，等. "营改增"对公司债务融资成本的影响研究［J］. 中国软科学，2021（08）：162-171.

［195］姜丽莎，李超凡，冯均科. 新审计报告降低了债务融资成本吗？［J］. 审计研究，2020（03）：68-76.

［196］张伟华，毛新述，刘凯璇. 利率市场化改革降低了上市公司债务融资成本吗？［J］. 金融研究，2018（10）：106-122.

［197］Qian J, Strahan P E. How Laws and Institutions Shape Financial Contracts: The Case of Bank Loans ［J］. Journal of Finance, 2007, 62 (06): 2803-2834.

［198］Bae K, Goyal V K. Creditor Rights, Enforcement, and Bank Loans ［J］. The Journal of Finance (New York), 2009, 64 (02): 823-860.

［199］吴伟军, 李铭洋. 中国经济政策不确定性对企业债务融资成本的影响 ［J］. 当代财经, 2019 (11): 61-71.

［200］吴赢, 张翼, 李广子. 高铁开通、银行竞争与公司债务融资成本 ［J］. 金融论坛, 2021, 26 (11): 27-36.

［201］Lewellen C M, Mauler L, Watson L. Tax Haven Incorporation and the Cost of Capital ［J］. Contemporary Accounting Research, 2021, 38 (04): 2982-3016.

［202］Goh B W, Lee J, Lim C Y, et al. The Effect of Corporate Tax Avoidance on the Cost of Equity ［J］. The Accounting Review, 2016, 91 (06): 1647-1670.

［203］王化成, 张修平, 侯粲然, 等. 企业战略差异与权益资本成本——基于经营风险和信息不对称的中介效应研究 ［J］. 中国软科学, 2017 (09): 99-113.

［204］Lamoreaux P T, Mauler L M, Newton N J. Audit Regulation and Cost of Equity Capital: Evidence from the PCAOB's International Inspection Regime ［J］. Contemporary Accounting Research, 2020, 37 (04): 2438-2471.

［205］Chen H, Chen J Z, Lobo G J, et al. Effects of Audit Quality on Earnings Management and Cost of Equity Capital: Evidence from China ［J］. Contemporary Accounting Research, 2011, 28 (03): 892-925.

［206］Shen C H, Zhang H. What's Good for You is Good for Me: The Effect of CEO Inside Debt on the Cost of Equity ［J］. Journal of Corporate Finance, 2020 (64): 101699.

［207］Naiker V, Navissi F, Truong C. Options Trading and the Cost of Equity Capital ［J］. The Accounting Review, 2013, 88（01）: 261-295.

［208］戚聿东, 孙昌玲, 王化成. 企业核心竞争力能够降低权益资本成本吗——基于文本分析的经验证据 ［J］. 会计研究, 2021（08）: 94-106.

［209］Cao Y, Myers J N, Myers L A, et al. Company Reputation and the Cost of Equity Capital ［J］. Review of Accounting Studies, 2014, 20（01）: 42-81.

［210］Truong C, Nguyen T H, Huynh T. Customer Satisfaction and the Cost of Capital ［J］. Review of Accounting Studies, 2021, 26（01）: 293-342.

［211］Boubakri N, Guedhami O, Mishra D, et al. Political Connections and the Cost of Equity Capital ［J］. Journal of Corporate Finance, 2012, 18（03）: 541-559.

［212］Dhaliwal D, Judd J S, Serfling M, et al. Customer Concentration Risk and the Cost of Equity Capital ［J］. Journal of Accounting & Economics, 2016, 61（01）: 23-48.

［213］陈峻, 王雄元, 彭旋. 环境不确定性、客户集中度与权益资本成本 ［J］. 会计研究, 2015（11）: 76-82.

［214］Mishra D R. The Dark Side of CEO Ability: CEO General Managerial Skills and Cost of Equity Capital ［J］. Journal of Corporate Finance, 2014（29）: 390-409.

［215］游家兴, 刘淳. 嵌入性视角下的企业家社会资本与权益资本成本——来自我国民营上市公司的经验证据 ［J］. 中国工业经济, 2011（06）: 109-119.

［216］Attig N, El Ghoul S. Organization Capital and the Cost of Equity Financing in Medium-Sized Manufacturing Firms ［J］. Contemporary Accounting Research, 2018, 35（03）: 1616-1644.

［217］Chen K C W，Chen Z，Wei K C J. Legal Protection of Investors，Corporate Governance，and the Cost of Equity Capital［J］. Journal of Corporate Finance，2009，15（03）：273-289.

［218］代昀昊. 机构投资者、所有权性质与权益资本成本［J］. 金融研究，2018（09）：143-159.

［219］Pham P K，Suchard J，Zein J. Corporate Governance and the Cost of Capital：Evidence from Australian Companies［J］. Journal of Applied Corporate Finance，2012，24（03）：84-93.

［220］Bhuiyan M B U，Sangchan P，Costa M D. Do Co-Opted Boards Affect the Cost of Equity Capital?［J］. Finance Research Letters，2022（46）：102491.

［221］孙多娇，杨有红. 公司治理结构和分析师预测对隐含资本成本影响及实证研究［J］. 中国软科学，2018（07）：170-180.

［222］冯来强，孔祥婷，曹慧娟. 董事高管责任保险与权益资本成本——来自信息质量渠道的实证研究证据［J］. 会计研究，2017（11）：65-71.

［223］李慧云，刘镝. 市场化进程、自愿性信息披露和权益资本成本［J］. 会计研究，2016（01）：71-78.

［224］高芳，傅仁辉. 会计准则改革、股票流动性与权益资本成本——来自中国 A 股上市公司的经验证据［J］. 中国管理科学，2012，20（04）：27-36.

［225］Dhaliwal D，Krull L，Li O Z. Did the 2003 Tax Act Reduce the Cost of Equity Capital?［J］. Journal of Accounting & Economics，2007，43（01）：121-150.

［226］Chen H J，Kacperczyk M，Ortiz-Molina H. Labor Unions，Operating Flexibility，and the Cost of Equity［J］. Journal of Financial and Quantitative Analysis，2011，46（01）：25-58.

［227］Chu T，Haw I，Ho S S M，et al. Labor Protection，Ownership

Concentration, and Cost of Equity Capital: International Evidence ［J］. Review of Quantitative Finance and Accounting, 2020, 54 (04): 1351-1387.

［228］ La Porta R, Lopez-De-Silanes F, Shleifer A, et al. Investor Protection and Corporate Valuation ［J］. Journal of Finance, 2002, 57 (03): 1147-1170.

［229］ Chan Y, Saffar W, Wei K C J. How Economic Policy Uncertainty Affects the Cost of Raising Equity Capital: Evidence from Seasoned Equity Offerings ［J］. Journal of Financial Stability, 2021 (53): 100841.

［230］ Huynh T D, Nguyen T H, Truong C. Climate Risk: The Price of Drought ［J］. Journal of Corporate Finance, 2020 (65).

［231］ 程小可, 沈昊旻, 高升好. 贸易摩擦与权益资本成本 ［J］. 会计研究, 2021 (02): 61-71.

［232］ 郭照蕊, 黄俊. 高铁时空压缩效应与公司权益资本成本——来自 A 股上市公司的经验证据 ［J］. 金融研究, 2021 (07): 190-206.

［233］ BushmanR M, Smith A J. Financial Accounting Information and Corporate Governance ［J］. Journal of Accounting and Economics, 2001, 32 (1-3): 237-333.

［234］ Biddle G C, Hilary G, Verdi R S. How Does Financial Reporting Quality Relate to Investment Efficiency? ［J］. Journal of Accounting & Economics, 2009, 48 (02): 112-131.

［235］ Biddle G C, Hilary G. Accounting Quality and Firm-Level Capital Investment ［J］. The Accounting Review, 2006, 81 (05): 963-982.

［236］ Gomariz M F, Ballesta J P. Financial Reporting Quality, Debt Maturity and Investment Efficiency ［J］. Journal of Banking & Finance, 2014 (40): 494-506.

［237］ Elaoud A, Jarboui A. Auditor Specialization, Accounting Information Quality and Investment Efficiency ［J］. Research in International Business and Finance, 2017 (42): 616-629.

［238］ Mcnichols M F, Stubben S R. Does Earnings Management Affect Firms' Investment Decisions？［J］. The Accounting Review, 2008, 83（06）：1571-1603.

［239］曹亚勇，王建琼，于丽丽. 公司社会责任信息披露与投资效率的实证研究［J］. 管理世界，2012（12）：183-185.

［240］张超，刘星. 内部控制缺陷信息披露与企业投资效率——基于中国上市公司的经验研究［J］. 南开管理评论，2015，18（05）：136-150.

［241］程新生，谭有超，刘建梅. 非财务信息、外部融资与投资效率——基于外部制度约束的研究［J］. 管理世界，2012（07）：137-150.

［242］王帆，邹梦琪. 关键审计事项披露与企业投资效率——基于文本分析的经验证据［J］. 审计研究，2022（03）：69-79.

［243］ Choi J K, Hann R N, Subasi M, et al. An Empirical Analysis of Analysts' Capital Expenditure Forecasts：Evidence from Corporate Investment Efficiency［J］. Contemporary Accounting Research, 2020, 37（04）：2615-2648.

［244］ Dow J, Gorton G. Stock Market Efficiency and Economic Efficiency：Is There a Connection？［J］. Journal of Finance, 1997, 52（03）：1087-1129.

［245］ Subrahmanyam A, Titman S. The Going-Public Decision and the Development of Financial Markets［J］. The Journal of Finance, 1999, 54（03）：1045-1082.

［246］ Chen Q, Goldstein I, Jiang W. Price Informativeness and Investment Sensitivity to Stock Price［J］. The Review of Financial Studies, 2007, 20（03）：619-650.

［247］杨继伟. 股价信息含量与资本投资效率——基于投资现金流敏感度的视角［J］. 南开管理评论，2011，14（05）：99-108.

［248］陈康，刘琦. 股价信息含量与投资—股价敏感性——基于融资

融券的准自然实验 [J] . 金融研究, 2018 (09): 126-142.

[249] Goldstein I, Ozdenoren E, Yuan K. Trading Frenzies and Their Impact on Real Investment [J] . Journal of Financial Economics, 2013, 109 (02): 566-582.

[250] Foucault T, Fresard L. Learning from Peers' Stock Prices and Corporate Investment [J] . Journal of Financial Economics, 2014, 111 (03):554-577.

[251] 张晓宇, 王策, 钱乐乐. 股票价格的"涟漪效应"研究——基于公司投资决策的视角 [J] . 财经研究, 2017, 43 (12): 136-148.

[252] Kusnadi Y, Wei K C J. The Equity-Financing Channel, the Catering Channel, and Corporate Investment: International Evidence [J] . Journal of Corporate Finance, 2017 (47): 236-252.

[253] Foucault T, Frésard L. Cross – Listing, Investment Sensitivity to Stock Price, and the Learning Hypothesis [J] . The Review of Financial Studies, 2012, 25 (11): 3305-3350.

[254] Francis B, Hasan I, Song L, et al. Corporate Governance and Investment–Cash Flow Sensitivity: Evidence from Emerging Markets [J] . Emerging Markets Review, 2013 (15): 57-71.

[255] 方红星, 金玉娜. 公司治理、内部控制与非效率投资: 理论分析与经验证据 [J] . 会计研究, 2013 (07): 63-69.

[256] 徐倩. 不确定性、股权激励与非效率投资 [J] . 会计研究, 2014 (03): 41-48.

[257] 陈志斌, 汪官镇. CEO 自由裁量权与企业投资效率 [J] . 会计研究, 2020 (12): 85-98.

[258] 姜付秀, 伊志宏, 苏飞, 等. 管理者背景特征与企业过度投资行为 [J] . 管理世界, 2009 (01): 130-139.

[259] 李培功, 肖珉. CEO 任期与企业资本投资 [J] . 金融研究, 2012 (02): 127-141.

［260］李焰，秦义虎，张肖飞．企业产权、管理者背景特征与投资效率［J］．管理世界，2011（01）：135-144.

［261］Custódio C，Metzger D. Financial Expert CEOs：CEO's Work Experience and Firm's Financial Policies［J］. Journal of Financial Economics，2014，114（01）：125-154.

［262］代昀昊，孔东民．高管海外经历是否能提升企业投资效率［J］．世界经济，2017，40（01）：168-192.

［263］Malmendier U，Tate G，Yan J. Overconfidence and Early-Life Experiences：The Effect of Managerial Traits on Corporate Financial Policies［J］. The Journal of Finance（New York），2011，66（05）：1687-1733.

［264］黄海杰，吕长江，Edward L．"四万亿投资"政策对企业投资效率的影响［J］．会计研究，2016（02）：51-57.

［265］刘海明，曹廷求．信贷供给周期对企业投资效率的影响研究——兼论宏观经济不确定条件下的异质性［J］．金融研究，2017（12）：80-94.

［266］刘星，台文志．薪酬管制影响央企投资效率吗——基于《薪酬制度改革方案》的经验证据［J］．会计研究，2020（10）：112-126.

［267］陈运森，黄健峤．股票市场开放与企业投资效率——基于"沪港通"的准自然实验［J］．金融研究，2019（08）：151-170.

［268］王仲兵，王攀娜．放松卖空管制与企业投资效率——来自中国资本市场的经验证据［J］．会计研究，2018（09）：80-87.

［269］万良勇．法治环境与企业投资效率——基于中国上市公司的实证研究［J］．金融研究，2013（12）：154-166.

［270］Lin N，Chen H，Zhang P，et al. Does Gambling Culture Affect firms' Investment Efficiency？［J］. Finance Research Letters，2022（49）：103148.

［271］Fama E F. Efficient Capital Markets：A Review of Theory and Empirical Work［J］. Journal of Finance，1970，25（02）：383.

［272］吴晓晖，郭晓冬，乔政. 机构投资者网络中心性与股票市场信息效率［J］. 经济管理，2020，42（06）：153-171.

［273］李广子，刘力. 债务融资成本与民营信贷歧视［J］. 金融研究，2009（12）：137-150.

［274］张伟华，毛新述，刘凯璇. 利率市场化改革降低了上市公司债务融资成本吗？［J］. 金融研究，2018（10）：106-122.

［275］Solomon E. Leverage and the Cost of Capital［J］. Journal of Finance，1963，18（02）：273-279.

［276］毛新述，叶康涛，张頔. 上市公司权益资本成本的测度与评价——基于我国证券市场的经验检验［J］. 会计研究，2012（11）：12-22.

［277］Akerlof G A. The Market for "Lemons"：Quality Uncertainty and the Market Mechanism［J］. The Quarterly Journal of Economics，1970，84（03）：488-500.

［278］Jensen M C，Meckling W H. Theory of the Firm：Managerial Behavior，Agency Costs and Ownership Structure［J］. Journal of Financial Economics，1976，3（04）：305-360.

［279］Littleton A C. Structure of Accounting Theory［M］. Urbana：American Accounting Association，1953.

［280］Spence M. Job Market Signaling［J］. The Quarterly Journal of Economics，1973，87（03）：355-374.

［281］Goffman E. The Presentation of Self in Everyday Life［M］. Gadren City：Bantam Doubleday Dell Publishing Group Inc.，1959.

［282］孙蔓莉. 论上市公司信息披露中的印象管理行为［J］. 会计研究，2004（03）：40-45.

［283］Carroll G，Hannan E A. Organizations in Industry：Strategy，Structure and Selection［M］. New York：Oxford University Press，1995.

［284］陈仕华，卢昌崇. 企业间高管联结与并购溢价决策——基于组

织间模仿理论的实证研究［J］. 管理世界，2013（05）：144-156.

［285］Luo Y. Do Insiders Learn from Outsiders? Evidence from Mergers and Acquisitions［J］. Journal of Finance，2005，60（04）：1951-1982.

［286］Bond P，Edmans A，Goldstein I. The Real Effects of Financial Markets［J］. Annual Review of Financial Economics，2012，4（01）：339-360.

［287］Defond M，Hung M. Investor Protection and Corporate Governance：Evidence from Worldwide CEO Turnover［J］. Journal of Accounting Research，2004，42（02）：269-312.

［288］Wurgler J. Financial Markets and the Allocation of Capital［J］. Journal of Financial Economics，2000，58（01）：187-214.

［289］游家兴，张俊生，江伟. 制度建设、公司特质信息与股价波动的同步性——基于 R^2 研究的视角［J］. 经济学（季刊），2007（01）：189-206.

［290］Hutton A P，Marcus A J，Tehranian H. Opaque Financial Reports，R2，and Crash Risk［J］. Journal of Financial Economics，2009，94（01）：67-86.

［291］任宏达，王琨. 产品市场竞争与信息披露质量——基于上市公司年报文本分析的新证据［J］. 会计研究，2019（03）：32-39.

［292］Morck R，Yeung B，Yu W. The Information Content of Stock Markets：Why Do Emerging Markets Have Synchronous Stock Price Movements？［J］. Journal of Financial Economics，1999，58（01）：215-260.

［293］Piotroski J D，Roulstone D T. The Influence of Analysts，Institutional Investors，and Insiders on the Incorporation of Market，Industry，and Firm-Specific Information into Stock Prices［J］. The Accounting Review，2004，4（79）：1119-1151.

［294］Kim J，Zhang H，Li L，et al. Press Freedom，Externally-Generated Transparency，and Stock Price Informativeness：International Evidence［J］.

Journal of Banking & Finance, 2014 (46): 299-310.

［295］闫化海. 自愿性信息披露问题研究及其新进展 ［J］. 外国经济与管理, 2004 (10): 42-48.

［296］何贤杰, 王孝钰, 孙淑伟, 等. 网络新媒体信息披露的经济后果研究——基于股价同步性的视角 ［J］. 管理科学学报, 2018, 21 (06): 43-59.

［297］Campbell J Y, Lettau M, Malkiel B G, et al. Have Individual Stocks Become More Volatile? An Empirical Exploration of Idiosyncratic Risk ［J］. Journal of Finance, 2001, 56 (01): 1-43.

［298］Leary M R, Kowalski R M. Impression Management: A Literature Review and Two-Component Model ［J］. Psychological Bulletin, 1990, 107 (01): 34-47.

［299］Hilary G, Shen R. The Role of Analysts in Intra-Industry Information Transfer ［J］. The Accounting Review, 2013, 88 (04): 1265-1287.

［300］Bikhchandani S, Hirshleifer D, Welch I. A Theory of Fads, Fashion, Custom, and Cultural Change as Informational Cascades ［J］. The Journal of Political Economy, 1992, 100 (05): 992-1026.

［301］杨子晖, 陈雨恬, 张平淼. 重大突发公共事件下的宏观经济冲击、金融风险传导与治理应对 ［J］. 管理世界, 2020, 36 (05): 13-35.

［302］Roberts, M. R., Whited, T. M. Endogeneity in Empirical Corporate Finance ［J］. Handbook of the Economics of Finance, 2013: 493-572.

［303］Serfling M. Firing Costs and Capital Structure Decisions ［J］. Journal of Finance, 2016, 71 (05): 2239-2286.

［304］孙雪娇, 翟淑萍, 于苏. 柔性税收征管能否缓解企业融资约束——来自纳税信用评级披露自然实验的证据 ［J］. 中国工业经济, 2019 (03): 81-99.

［305］West K D. Dividend Innovations and Stock Price Volatility ［J］. Econometrica, 1988, 56 (01): 37-61.

［306］French K R, Roll R. Stock Return Variances: The Arrival of Information and the Reaction of Traders ［J］. Journal of Financial Economics, 1986, 17 (01): 5-26.

［307］肖浩, 孔爱国. 融资融券对股价特质性波动的影响机理研究: 基于双重差分模型的检验 ［J］. 管理世界, 2014 (08): 30-43.

［308］朱琳, 陈妍羽, 伊志宏. 分析师报告负面信息披露与股价特质性波动——基于文本分析的研究 ［J］. 南开管理评论, 2021 (1): 1-16.

［309］Lang M H, Lundholm R J. Corporate Disclosure Policy and Analyst Behavior ［J］. The Accounting Review, 1996, 71 (04): 467-492.

［310］Bradley D, Gokkaya S, Liu X, et al. Are all Analysts Created Equal? Industry Expertise and Monitoring Effectiveness of Financial Analysts ［J］. Journal of Accounting & Economics, 2017, 63 (2-3): 179-206.

［311］Kim J, Lu L Y, Yu Y. Analyst Coverage and Expected Crash Risk: Evidence from Exogenous Changes in Analyst Coverage ［J］. The Accounting Review, 2019, 94 (04): 345-364.

［312］Lui D, Markov S, Tamayo A. What Makes a Stock Risky? Evidence from Sell-Side Analysts' Risk Ratings ［J］. Journal of Accounting Research, 2007, 45 (03): 629-665.

［313］Lui D, Markov S, Tamayo A. Equity Analysts and the Market's Assessment of Risk ［J］. Journal of Accounting Research, 2012, 50 (05): 1287-1317.

［314］Previts G J, Bricker R J, Robinson T R, et al. A Content Analysis of Sell-Side Financial Analyst Company Reports ［J］. Accounting Horizons, 1994, 8 (02): 55.

［315］Bradley D, Gokkaya S, Liu X I. Before an Analyst Becomes an Analyst: Does Industry Experience Matter? ［J］. Journal of Finance, 2017, 72 (02): 751-791.

［316］Yu F F. Analyst Coverage and Earnings Management ［J］. Journal of Financial Economics, 2008, 88 (02): 245-271.

[317] 李春涛, 宋敏, 张璇. 分析师跟踪与企业盈余管理——来自中国上市公司的证据 [J]. 金融研究, 2014 (07): 124-139.

[318] 肖奇, 屈文洲. 投资者关注、资产定价与股价同步性研究综述 [J]. 外国经济与管理, 2017, 39 (11): 120-137.

[319] 张圣平, 于丽峰, 李怡宗, 等. 媒体报导与中国 A 股市场盈余惯性——投资者有限注意的视角 [J]. 金融研究, 2014 (07): 154-170.

[320] Simon H A. Applying Information Technology to Organization Design [J]. Public Administration Review, 1973, 33 (03): 268-278.

[321] Peng L, Xiong W. Investor Attention, Overconfidence and Category Learning [J]. Journal of Financial Economics, 2006, 80 (03): 563-602.

[322] 冯旭南. 中国投资者具有信息获取能力吗？——来自"业绩预告"效应的证据 [J]. 经济学 (季刊), 2014, 13 (03): 1065-1090.

[323] 王丹, 孙鲲鹏, 高皓. 社交媒体上"用嘴投票"对管理层自愿性业绩预告的影响 [J]. 金融研究, 2020 (11): 188-206.

[324] Huddart S, Lang M, Yetman M H. Volume and Price Patterns Around a Stock's 52-Week Highs and Lows: Theory and Evidence [J]. Management Science, 2009, 55 (01): 16-31.

[325] Dyck A, Volchkova N, Zingales L. The Corporate Governance Role of the Media: Evidence from Russia [J]. Journal of Finance, 2008, 63 (03): 1093-1135.

[326] Bushee B J, Core J E, Guay W, et al. The Role of the Business Press as an Information Intermediary [J]. Journal of Accounting Research, 2010, 48 (01): 1-19.

[327] 杨洁, 詹文杰, 刘睿智. 媒体报道、机构持股与股价波动非同步性 [J]. 管理评论, 2016, 28 (12): 30-40.

[328] Tetlock P C, Saar-Tdechansky M, Macskassy S. More Than Words: Quantifying Language to Measure Firms' Fundamentals [J]. Journal of

Finance, 2008, 63 (03): 1437-1467.

〔329〕吴先聪, 郑国洪. 媒体关注对大股东违规减持有监督作用吗？〔J〕. 外国经济与管理, 2021, 43 (11): 86-103.

〔330〕Beaver W H. Financial Reporting: An Accounting Revolution 〔M〕. Englewood Cliffs: Prentice-Hall, 1981.

〔331〕Riley R A, Pearson T A, Trompeter G. The Value Relevance of Non-Financial Performance Variables and Accounting Information: The Case of the Airline Industry 〔J〕. Journal of Accounting and Public Policy, 2003, 22 (03): 231-254.

〔332〕Holder-Webb L, Cohen J R, Nath L, et al. The Supply of Corporate Social Responsibility Disclosures among U. S. Firms 〔J〕. Journal of Business Ethics, 2009, 84 (04): 497-527.

〔333〕Brazel J F, Jones K L, Zimbelman M F. Using Nonfinancial Measures to Assess Fraud Risk 〔J〕. Journal of Accounting Research, 2009, 47 (05): 1135-1166.

〔334〕叶康涛, 刘金洋. 非财务信息与企业财务舞弊行为识别 〔J〕. 会计研究, 2021 (09): 35-47.

〔335〕Hoitash R, Hoitash U. Measuring Accounting Reporting Complexity with XBRL 〔J〕. The Accounting Review, 2018, 93 (01): 259-287.

〔336〕Kedia S, Rajgopal S. Do the SEC's Enforcement Preferences Affect Corporate Misconduct? 〔J〕. Journal of Accounting & Economics, 2011, 51 (03): 259-278.

〔337〕Kubick T R, Lockhart G B. Proximity to the SEC and Stock Price Crash Risk 〔J〕. Financial Management, 2016, 45 (02): 341-367.

〔338〕Hollander S, Verriest A. Bridging the Gap: The Design of Bank Loan Contracts and Distance 〔J〕. Journal of Financial Economics, 2016, 119 (02): 399-419.

〔339〕肖红军, 阳镇, 凌鸿程. "鞭长莫及" 还是 "遥相呼应": 监

管距离与企业社会责任［J］．财贸经济，2021，42（10）：116-131.

［340］周晓苏，李进营．深交所信息披露考评公告的市场效应研究［J］．证券市场导报，2010（03）：58-65.

［341］Beyer A，Cohen D A，Lys T Z，et al. The Financial Reporting Environment：Review of the Recent Literature［J］．Journal of Accounting and Economics，2010，50（2-3）：296-343.

［342］程新生，谭有超，许垒．公司价值、自愿披露与市场化进程——基于定性信息的披露［J］．金融研究，2011（08）：111-127.

［343］Huang X，Li X，Tse S，et al. The Effects of a Mixed Approach toward Management Earnings Forecasts：Evidence from China［J］．Journal of Business Finance & Accounting，2018，45（3-4）：319-351.

［344］蒋先玲，王炳楠，程健．自愿性信息披露有效性研究——基于"拍拍贷"经验证据［J］．经济与管理评论，2018，34（06）：95-105.

［345］Verrecchia R E. Discretionary Disclosure［J］．Journal of Accounting & Economics，1983（05）：179-194.

［346］Dechow P M，Sloan R G，Sweeney A P. Detecting Earnings Management［J］．The Accounting Review，1995，70（02）：193-225.

［347］Liao G，Ma M，Yu X. Transporting Transparency：Director Foreign Experience and Corporate Information Environment［J］．Journal of International Business Studies，2022，53（07）：1343-1369.

［348］鲁桂华，张静，刘保良．中国上市公司自愿性积极业绩预告：利公还是利私——基于大股东减持的经验证据［J］．南开管理评论，2017，20（02）：133-143.

［349］孙健，王百强，曹丰，等．公司战略影响盈余管理吗？［J］．管理世界，2016（03）：160-169.

［350］Reichelt K J，Wang D. National and Office-Specific Measures of Auditor Industry Expertise and Effects on Audit Quality［J］．Journal of Accounting Research，2010，48（03）：647-686.

［351］Chen S, Sun S Y J, Wu D. Client Importance, Institutional Improvements, and Audit Quality in China: An Office and Individual Auditor Level Analysis［J］. The Accounting Review, 2010, 85（01）: 127-158.

［352］Dunn K A, Mayhew B W. Audit Firm Industry Specialization and Client Disclosure Quality［J］. Review of Accounting Studies, 2004, 9（01）: 35-58.

［353］范经华, 张雅曼, 刘启亮. 内部控制、审计师行业专长、应计与真实盈余管理［J］. 会计研究, 2013（04）: 81-88.

［354］罗莉, 胡耀丹. 内部控制对上市公司高管薪酬黏性是否有抑制作用? ——来自沪深两市 A 股经验证据［J］. 审计与经济研究, 2015, 30（01）: 26-35.

［355］Ashbaugh-Skaife H, Collins D W, Kinney W R, et al. The Effect of SOX Internal Control Deficiencies and Their Remediation on Accrual Quality［J］. The Accounting Review, 2008, 83（01）: 217-250.

［356］Goh B W, Li D. Internal Controls and Conditional Conservatism［J］. The Accounting Review, 2011, 86（03）: 975-1005.

［357］李瑞敬, 党素婷, 李百兴, 等. CEO 的信息技术背景与企业内部控制质量［J］. 审计研究, 2022（01）: 118-128.

［358］于文超, 何勤英. 投资者保护、政治联系与资本配置效率［J］. 金融研究, 2013（05）: 152-166.

［359］王化成, 曹丰, 高升好, 等. 投资者保护与股价崩盘风险［J］. 财贸经济, 2014（10）: 73-82.

［360］袁媛, 田高良, 廖明情. 投资者保护环境、会计信息可比性与股价信息含量［J］. 管理评论, 2019, 31（01）: 206-220.

［361］屈文洲, 谢雅璐, 叶玉妹. 信息不对称、融资约束与投资—现金流敏感性——基于市场微观结构理论的实证研究［J］. 经济研究, 2011, 46（06）: 105-117.

［362］胡宁, 曹雅楠, 周楠, 等. 监管信息披露与债权人定价决

策——基于沪深交易所年报问询函的证据［J］．会计研究，2020
（03）：54-65．

［363］王俊秋．政治关联、盈余质量与权益资本成本［J］．管理评
论，2013，25（10）：80-90．

［364］Healy P M，Palepu K G. The Effect of Firms' Financial Disclosure
Strategies on Stock Prices［J］．Accounting Horizons，1993，7（01）：1．

［365］连立帅，朱松，陈超．资本市场开放与股价对企业投资的引导
作用：基于沪港通交易制度的经验证据［J］．中国工业经济，2019
（03）：100-118．

［366］Richardson S. Over-Investment of Free Cash Flow［J］．Review of
Accounting Studies，2006，11（2-3）：159-189．

［367］王善平，李志军．银行持股、投资效率与公司债务融资［J］．
金融研究，2011（05）：184-193．

［368］刘行，叶康涛．企业的避税活动会影响投资效率吗？［J］．会
计研究，2013（06）：47-53．

［369］温忠麟，张雷，侯杰泰，等．中介效应检验程序及其应用
［J］．心理学报，2004，36（5）：614-620．

［370］姚立杰，陈雪颖，周颖，等．管理层能力与投资效率［J］．
会计研究，2020（04）：100-118．

［371］代昀昊，孔东民．高管海外经历是否能提升企业投资效率
［J］．世界经济，2017，40（01）：168-192．

［372］孙铮，李增泉，王景斌．所有权性质、会计信息与债务契
约——来自我国上市公司的经验证据［J］．管理世界，2006（10）：
100-107．

［373］孙彤，薛爽，徐佳怡．非正式信息传递机制能降低公司权益融
资成本吗？——基于企业家微博的实证检验［J］．财经研究，2020，46
（11）：154-168．

［374］王小鲁，胡李鹏，樊纲．中国分省份市场化指数报告（2021）

［M］．北京：社会科学文献出版社，2021.

　　［375］王建新，丁亚楠．经济政策不确定性对市场定价效率影响研究——股票论坛应用下的互联网社交媒体调节作用［J］．经济管理，2022，44（04）：153-174.

　　［376］张琦，吉富星，潘攀．政策不确定性、银行信贷供给与企业投资［J］．中国软科学，2021（04）：173-182.

　　［377］李增福，陈俊杰，连玉君，等．经济政策不确定性与企业短债长用［J］．管理世界，2022，38（1）：77-89，143.

　　［378］唐松，胡威，孙铮．政治关系、制度环境与股票价格的信息含量——来自我国民营上市公司股价同步性的经验证据［J］．金融研究，2011（07）：182-195.

后　记

一路泥泞一路辙，一路繁花一路歌。一路求学，有平安喜乐，也有深夜痛哭；有笃定前行，也有迷茫焦虑。幻想过无数次致谢要如何撰写才能写出攻博期间的五味杂陈，可到落笔之时，唯有感动与感恩。

生吾炎黄，育我华夏。感恩党与国家，承蒙党与国家对贫困学生的关心与大力资助，让我享受了生源地助学贷款、国家助学金和奖学金等的资助，可以全身心地投入学习。

师泽如山，微以致远。感谢我的博士生导师翟淑萍教授，感谢翟老师对我生活上的照顾、学业和人生方向的指导。进入师门后，翟老师不管自己多忙，都按时组织我们进行组会讨论，让我更加系统地掌握了前沿研究方法。组会上，从最开始主讲时的胆怯、焦虑与不知所措，到现在讲课时的落落大方，都离不开翟老师的点拨与鼓励。在小论文的选题、撰写与审稿意见回复中，感谢翟老师陪我字斟句酌，倾尽所能指导我、点拨我。在论文投稿屡屡被拒时，感谢翟老师陪我耐心分析拒稿原因，并指导我投稿方向。在有相关学术会议时，翟老师总是支持我们多去参会交流，了解领域前沿，启发科研思路。从小论文和博士论文的选题到最终成文都离不开翟老师一封封邮件、一条条语音、一次次的电话沟通。此外，翟老师作为我生活中的长辈，教会了我许多为人处世的方法，经常关心我的心理状态，给予我许多指导性的意见。博士求学之路，不论传道授业、未来规划还是生活琐事，感谢翟老师的体谅、包容与关爱。翟老师是我一生的导师。

学路漫漫，幸遇良师。感谢亦师亦友李彩霞教授。李老师是我科研路上的启蒙老师，最早引导我选题、收集与处理数据、撰写文献综述等，经常给我分享讲座会议资源。在天津求学过程中，李老师经常关心我的身体与心理状态，邀请我去家里谈心与聊天，让我感受到爱与温暖。还要感谢天津财经大学孙洁教授、田昆如教授、张俊民教授、黄宏斌教授、毕晓方教授、胡国强教授、吴娜教授、苑泽明教授和南开大学的刘志远教授、李姝教授对博士学位论文给予的指导与解疑。感谢各位专家为论文提出的宝贵意见，是你们的辛苦为我的博士生涯画上了完美句号。感谢天津财经大学会计学院赵军老师、乔正鑫老师、刘潞老师、许晓芹老师等对我的帮助。感谢山西师范大学领导与同事的支持，感谢经管学院吴建军书记、邰秀军院长、任文焕副书记、高文军副院长、段伟宇副院长、张琦老师、张伟杰老师、王晓云老师、赵永斌老师等同事，大家在我入职山西师范大学之后都给予了我热情的关心与帮助，让我较好较快地融入山西师大。

拳拳亲情，寸草春晖。感谢父母在我求学生涯中给予的无私关爱、支持与鼓励。在我为选题焦虑与急躁的时刻，父亲每天关注相关新闻咨讯并给我分享，他们为我着急的样子，我此生无以为报。在我论文录用或比赛获奖时，母亲总会发条信息"不忘初心，砥砺前行！"求学路上或大或小的各种成绩，都离不开父母的支持与鼓励！感谢弟弟在我焦虑、迷茫、无助时对我的开导与宽心，感谢姐姐们、姐夫们对父母的照顾和对我的关心，感谢外甥们给我带来了诸多欢乐与开心！感谢姑姑、伯伯们和静静姐在我求学中给予我物质与精神上的支持！感谢王建明博士一直以来对我的包容与关心，在我陷入迷茫和自我怀疑时是你鼓励我坚定信念，笃定前行。

岁月悠悠，与君谊久。感谢师姐袁克丽博士、张晓琳博士、王敏博士在我论文投稿前认真提出修改建议与投稿时的细心指导。感谢毛文霞师姐如亲姐姐一样陪我就医看病，也感谢师姐在我论文返修与其他事情相撞应接不暇时给予我的帮助。感谢师妹甦叶、缪晴、赵玉洁、陈曦和师弟范润、白梦诗、左思远和孙佳豪，你们在学术和生活中给予了我无私与真诚的帮助，感谢你们在我论文撰写过程中给予的帮助与支持。感谢会计学术联盟搭建的交流平台，使我认识了诸多有志和勤奋的优秀博士，时刻督促我、激励我前行。

　　书稿完稿之际，郑重向所有提到名字和没有提到名字的老师、同事、同学、亲友说声感谢！很荣幸一路有你们相陪！